NOTICE

DES TABLEAUX

EXPOSÉS

AU MUSÉE DE DIJON.

AVIS.

On prévient qu'on ne fait débiter ce Livret qu'aux entrées du Musée. On annonce aussi que pour la plus grande sureté des objets que renferme l'Établissement , on a placé au bas du grand escalier un Gardien à qui on peut confier les cannes et parapluies qu'il est nécessaire de déposer avant d'entrer.

NOTICE
DES TABLEAUX,

STATUES, BUSTES, BAS-RELIEFS, VASES, BRONZES,
ANTIQUITÉS, DESSINS, ESTAMPES, etc.

EXPOSÉS

AU MUSÉE DE DIJON.

PREMIÈRE PARTIE.

EXPLICATION DES TABLEAUX.

PRIX, 1 FRANC.

Le Musée est ouvert au Public le Dimanche, et le
Cabinet des Estampes, le Jeudi de chaque semaine,
de midi à deux heures.

DIJON,

FRANTIN, IMPRIMEUR DU ROI.

1818.

AVERTISSEMENT.

DANS cette édition on n'a point classé les tableaux par salles, ainsi que dans l'ancienne Notice, pour obvier à l'inconvénient qui résulte d'un dérangement inévitable lorsque l'établissement s'enrichit de quelque nouvel ouvrage. Le moyen que l'on a adopté permet de ranger les noms des maîtres par écoles, avantage qui n'existeroit autrement, qu'autant que chaque salle pourroit être consacrée à une école particulière. C'est à quoi s'opposent le nombre, la dimension des tableaux et l'arrangement si utile à la beauté d'une semblable collection. Cette Notice est disposée d'une manière fort simple. C'est un ordre numérique sans interruption ; ainsi quand le lecteur cherchera dans le livret le numéro qui est placé sur l'objet qu'il désire connoître, ce numéro lui indiquera le sujet. Le nom de chaque peintre se trouve par ordre alphabétique à la tête de la série de ses ouvrages dont la description est suivie de quelques détails historiques sur la vie de l'artiste. On a de même cité des particularités relatives à certains maîtres, quoique les morceaux rangés sous leurs noms, ne soient que des copies, des imitations ou des produits de leurs écoles.

On a laissé les tableaux sous les titres désignés dans l'ancien catalogue, toutes les fois qu'un témoignage irrécusable n'a pas autorisé à les attribuer à d'autres auteurs. Il est bon aussi d'avertir les artistes et les amateurs, que tous les morceaux indiqués dans le livret ne sont pas placés dans le Musée. Quelques-uns ont été demandés par les autorités de la ville pour l'ornement des édifices publics; on travaille à la restauration de quelques autres; il est encore des ouvrages de peinture et de sculpture que l'étendue actuelle du local ne permet pas d'exposer. On doit même, d'après les promesses de Son Excellence le Ministre de l'intérieur, s'attendre à recevoir de nouveaux objets qui augmenteront la richesse et l'intérêt de la collection.

NOTICE
DES TABLEAUX
EXPOSÉS
AU MUSÉE DE DIJON.

ÉCOLE FRANÇAISE.

ABEL DE PUJOL, *peintre vivant.*

1. La mort de Britannicus.

AGRIPPINE.

..... Arrêtez, Néron ; j'ai deux mots à vous dire.
Britannicus est mort : je reconnois les coups ;
Je connois l'assassin.

NÉRON.

Et qui, Madame ?

AGRIPPINE.

Vous.

NÉRON.

Moi ! Voilà les soupçons dont vous êtes capable.
(RACINE. 6.e scène du 5.e acte de la mort de Britannicus.)

*(Cet ouvrage, envoyé par le Gouvernement, a
fait partie de l'exposition du Louvre en 1814,
sous le n.º 1. A celle de 1817, M. Abel de Pujol*

a exposé un tableau représentant la prédication de Saint Etienne, qui a mérité le premier prix.)

ALLEGRAIN (ETIENNE) *florissoit au 17.*^me^ *siècle.*

2. Un paysage avec figures. *

3. Un paysage avec figures. *

BAUGIN (LUBIN) *vivoit à Paris vers l'an 1660.*

Ce peintre, qui n'est pas loué par Félibien , a été surnommé le petit Guide.

4. La Sainte Famille. (*Esquisse d'un tableau gravé dans l'œuvre des Poilly.*)

BERTHON , *peintre vivant.*

5. Songe d'Oreste. Il goûte à peine un moment de repos qu'il doit aux soins touchans de sa sœur Electre , lorsqu'un songe terrible l'arrachant au sommeil, vient lui retracer son crime , en offrant à ses yeux le corps sanglant de Clytemnestre que les Euménides entraînent aux enfers *.

(*Ce tableau a paru à l'exposition du Louvre de 1817 , sous le n.° 56.*)

BLONDEL , *peintre vivant.*

6. La tendresse maternelle. Hécube tombe éva-

---

* Tous les tableaux dont la description est marquée d'un astérisque (*) , ont été envoyés au musée de Dijon par le Gouvernement.

nouie dans les bras de ses femmes à l'aspect d'Ulysse, qui vient, d'après l'ordre des Grecs, lui arracher sa fille Polyxène, pour être immolée aux manes d'Achille. (*Ce tableau, dont le Gouvernement a enrichi le Musée de Dijon, a paru à l'exposition de la galerie du Louvre, en 1814.*)

BORDIER, *peintre vivant.*

7. Combat d'Hippolyte contre le monstre. (*Ce tableau dû à la bienveillance du Gouvernement, se voyoit à la même exposition que le précédent, sous le n.° 128.*)

BOULLONGNE (Louis de), *né à Paris en 1654.*

ESQUISSES.

8. Saint Augustin, sacré évêque d'Hippone par Megalius, primat de Numidie. *

9. Saint Ambroise, archevêque de Milan, confère le Baptême à Saint Augustin. *

(*Ces deux esquisses sont celles de deux des tableaux qui décorent la coupole de la chapelle de Saint Augustin, à l'église de l'hôtel royal des Invalides.*)

Louis de Boullongne, fils et élève de Louis Boullongne et frère de Bon Boullongne. Les deux jeunes artistes ne suivirent pas le goût gothique de leur père. Leur génie les éleva au rang des premiers peintres français. Les ouvrages qu'ils ont laissés dans les églises des Invalides et les palais de Versailles et de Trianon, attestent leurs grands talens. Louis, quelquefois inférieur à son frère, reçut néanmoins de Louis XIV des témoignages d'une faveur plus marquée ; ce Monarque le nomma son premier peintre, lui donna des lettres de noblesse, le fit chevalier de Saint Michel, et ajouta plusieurs pensions à ces honneurs. Ses sœurs Madeleine et Geneviève acquirent aussi quelque gloire, et furent de l'Académie royale.

Louis de Boullongne mourut à Paris en 1733, âgé de 79 ans.

BOURDON (Sébastien), *né à Montpellier, en 1616.*

10. Le repos de la Sainte Famille. L'Enfant Jésus sur les genoux de sa Mère, reçoit les hommages des Anges qui le contemplent avec admiration. Le peintre a placé en avant de ce groupe, Sainte Elizabeth assise, tenant Saint Jean qui, les mains jointes, est en adoration devant le Sauveur. Plus loin on voit plusieurs autres figures, parmi lesquelles on distingue Saint Joseph. Le fond du tableau représente un paysage, orné de fabriques, d'entre lesquelles s'écoule une rivière peu profonde, qui roule sur un fond de rochers, et forme une petite cascade.

Le père de Bourdon, peintre sur verre, fut son premier maître. Il devint ensuite l'élève d'un peintre médiocre, dont on n'a pas conservé le nom. Il doit sa haute réputation, à la grâce de son pinceau, et à une grande finesse de ton, plutôt qu'à la correction de son dessin. Il peiguoit avec une promptitude extraordinaire; on cite comme une preuve de la rapidité de son exécution et de son habileté, qu'il fit, en un seul jour, douze portraits de grandeur naturelle, qui ne sont pas les moins estimés de ses ouvrages. Son meilleur tableau est *le crucifiement de Saint Pierre*, qu'il peignit pour l'église de Notre-Dame de Paris. Ce chef-d'œuvre qui assura la réputation de l'artiste, âgé de 27 ans lorsqu'il le fit, est actuellement dans la collection du Musée du Louvre.

Bourdon mourut à Paris en 1671, âgé de 55 ans.

CHARDIN (Jean - Baptiste - Siméon), *né à Paris en 1699.*

11. Portrait de Jean-Philippe Rameau. Ce célèbre compositeur, natif de Dijon, est représenté tenant un violon. Il semble pincer les cordes de cet instrument pour trouver les accords d'un morceau de musique, dont l'expression de sa physionomie annonce qu'il s'occupe. *

Chardin fut reçu à l'Académie en 1728, nommé depuis conseiller-trésorier, et mourut à Paris en 1780, âgé de 81 ans.

COLSON.

12. Une jeune fille surprise par le sommeil ; un chat, à moitié caché derrière un écran, guette un serin qu'elle tient attaché à un ruban. (*Gravé par N. Dupuis*).

CORNEILLE (Jean-Baptiste), *né à Paris en 1646*.

13. La mort de Caton. Résolu de se donner la mort si César étoit vainqueur, la bataille de Pharsale ayant tout décidé, ce zélé républicain s'enferme dans Utique. Il passe une partie de la nuit à lire le Dialogue de Platon sur l'immortalité de l'ame. A la pointe du jour, il s'éveille, relit encore Platon, et se plonge son épée dans le corps. Ses amis accourent pour lui sauver la vie ; mais il s'oppose à leurs sollicitations et à leurs efforts, en s'arrachant lui-même les entrailles.

14. La Vierge et Jésus apparoissent à deux Religieux. *

15. L'incendie de Troie. Enée se retire portant son père Anchise sur ses épaules ; il est suivi par son fils Ascagne.

Jean-Baptiste Corneille étoit frère de Michel Corneille, peintre et graveur, et fut, ainsi que lui, professeur de l'Académie de peinture. Michel dont Louis XIV estimoit les productions, fut employé à Meudon, à Versailles, à Trianon et à

Fontainebleau. Jean-Baptiste Corneille , moins habile , ne contribua pas à l'embellissement des maisons royales; il a fait plusieurs tableaux pour l'église Notre-Dame de Paris, les Chartreux, etc. Il mourut à Paris en 1695, âgé de 49 ans.

COYPEL (NOEL), *né à Paris en 1628.*

16. Allégorie de la félicité du règne de Louis XIV.

Ce monarque est représenté sous les traits d'Apollon couronné par la Victoire. Des Zéphirs portant, l'un une palme, les autres des fleurs, emblèmes de la gloire et des délices dont la France a joui sous le gouvernement du petit-fils de Henri IV , semblent partir pour porter la récompense des vertus et répandre le bonheur sur tous les points du royaume. Sur le devant du tableau , deux Naïades , l'une appuyée sur son urne , et l'autre accoudée sur sa compagne , désignent la Seine et la Marne. Deux enfans , figurant l'industrie et l'agriculture , couvrent les deux rivières de l'ombrage d'un voile protecteur; tandis que deux jeunes filles présentent humblement au Prince un panier de fleurs et de fruits , et lui témoignent, par l'expression du respect et de la reconnoissance , que c'est à son génie bienfaisant que la gloire et la prospérité de la France doivent être attribuées. *

Poncet et Erard furent les maîtres de Noël

Coypel. Il a laissé des traces de l'habileté de son pinceau dans la décoration du château de Versailles, du Louvre, des Invalides, de l'église de Notre-Dame de Paris. Il fut directeur de l'Académie française à Rome, et depuis recteur de celle de Paris. Il remplit ce dernier emploi jusqu'à sa mort qui eut lieu en 1707. Il termina sa carrière âgé de 79 ans.

COYPEL (ANTOINE), *né à Paris en 1661.*

17. Jephté, pour obtenir la victoire sur les Ammonites, fit vœu de sacrifier la première tête qui se présenteroit à lui. Ce fut sa fille unique. Fidelle à ses sermens, sourd à la voix de la nature, il la fait monter à l'autel où il va l'immoler lui-même. Soumise avec une résignation attendrissante à la volonté de son père, elle reçoit les derniers adieux de ses compagnes éplorées. *

18. Bacchus et Ariane.

19. Judith, après avoir coupé la tête à Holoferne, l'emporte, aidée par sa suivante, pour l'exposer sur les murs de Béthulie. (*Copie*).

Fils et élève de Noël Coypel, Antoine Coypel se perfectionna à Rome sur les ouvrages des grands maîtres, et revint en France avec un talent distingué. Son mérite le fit nommer premier peintre du Roi en 1714; le monarque lui accorda en même temps des lettres de noblesse. On a de lui plusieurs discours sur l'art de peindre.

Il mourut à Paris en 1722, âgé de 61 ans.

COYPEL (Noel-Nicolas), *né à Paris en 1694.*

20. Sainte Geneviève, âgée de sept ans, sort de Nanterre près Paris, pour aller à la rencontre de Saint Germain-l'Auxerois, qui, par ses exhortations, l'engage à se consacrer au Seigneur. Un ange qui semble descendre du ciel, tient, suspendue à un cordon, une médaille de cuivre empreinte d'une croix. Le saint évêque la présente à Geneviève en lui recommandant de la porter à son cou, et ajoute : « Ne souffrez pas que votre cou ou vos doigts soient chargés d'or, d'argent ou de pierreries, car si vous aimez la moindre parure du siècle, vous serez privée des ornemens célestes éternels. * »

N.-N. Coypel étoit fils de Noël Coypel et frère d'Antoine. Il les auroit peut-être surpassés par la légèreté de sa touche et la fraîcheur de son pinceau, si la mort ne l'eût enlevé en 1737 à 43 ans.

COYPEL (Charles-Antoine), *né à Paris en 1694.*

21. L'Adoration des Bergers. La Vierge, assise humblement sur le sol de l'étable, tient l'enfant Jésus endormi sur ses genoux, et l'offre à l'adoration des bergers qui le contemplent avec l'ex-

pression du respect et de l'admiration. Un d'entre eux, agenouillé, devant le Fils de Dieu, soulève et baise l'extrémité des langes qui l'enveloppent. La présence des Anges ajoute encore à l'intérêt de cette scène merveilleuse, qui est principalement éclairée par la lumière qui émane du Sauveur. Saint Joseph assis sur le devant du tableau, déroule une légende sur laquelle on lit ces paroles de l'ange Gabriël : *Ecce Virgo concipiet, etc.* *

Charles-A. Coypel fut élève d'Antoine Coypel son père. Quoique moins habile que lui, il eut de la célébrité. Les places de premier peintre du Roi et du Duc d'Orléans, régent du Royaume ; celle de Directeur de l'Académie royale de peinture et de sculpture, auxquelles il fut nommé, attestent la considération que méritoient ses talens.

Il mourut en 1752, âgé de 58 ans.

GAGNERAUX (BÉNIGNE), *né à Dijon en 1756.*

22. La Bataille de Sénef. Le Grand Condé est renversé avec son cheval dans un fossé. Son fils, le Duc d'Enghien, qui combattoit à ses côtés, accourt pour le relever et est lui-même blessé au bras en s'acquittant de ce devoir. Ce groupe occupe le milieu du tableau. Sur le premier plan, à la droite du spectateur, sont deux cavaliers qui se disputent un drapeau hollandais. Au troisième plan est représenté un choc de ca-

valerie dans lequel on distingue le Maréchal De la Fare, monté sur un cheval blanc. Le fond est terminé par un grand nombre de combattans. Dans le lointain on aperçoit la campagne de Sénef et ce village qui est en feu.

23. Le Passage du Rhin par l'armée française sous le commandement du Grand Condé.

Ce Prince est monté sur un cheval blanc et force la cavalerie ennemie, dont le commandant Ossembrock, monté sur un cheval noir, lui tire un coup de pistolet qui lui fracasse la main gauche. Le corps des cuirassiers suit de près et achève de passer le fleuve. Dans le lointain et au-dessus de Tolhuy, la cavalerie française passe à la nage.

Les premiers talens de Benigne Gagneraux, élève de l'École de Dijon, se développèrent sous la direction de François Devosge. Il remporta le premier prix dans le concours qui eut lieu en 1778, et fut envoyé à Rome aux frais de la province. Il se signala bientôt par des talens peu communs. Une esquisse d'une Bacchanale qu'il exécuta avec du charbon sur les murs d'une salle des bains de Dioclétien, comprise alors dans le couvent des Chartreux de Rome, attira l'attention des connoisseurs. Le bruit que fit cet ouvrage, engagea Pie VI à le visiter lui-même. Il vint l'admirer accompagné du roi de Suède Gustave III. Ce Prince nomma Gagneraux son premier peintre et le chargea de peindre son entrevue avec le Pape. Ce tableau, qui est placé aujourd'hui dans une des salles du palais du Roi à Stockholm, surpassa l'attente des deux Souverains, par sa beauté et son exécution. Pendant son séjour à Rome, Gagneraux fit plusieurs autres tableaux remarquables, entre autres le Passage du Rhin, et la Bataille de Sénef sous le commandement du Grand Condé. Ces deux morceaux, qui étoient destinés à l'ornement du Palais des États, font aujourd'hui celui du Musée. L'amateur des beaux arts et le vrai connoisseur ne les voient point sans éprouver des regrets de la mort prématurée d'un artiste dont les talens promettoient d'atteindre le plus haut degré de célébrité. Dans le temps de l'émeute où l'ambassadeur Basseville fut victime de la fureur du peuple, *Gagneraux* quitta Rome pour se rendre à Florence où il mourut en 1795, âgé de 39 ans.

GRESLY (G.), *que l'on croit né en Suisse, exerçoit son art à Besançon en 1751.*

24. Deux petites Filles dressant un chien.

25. Une petite Fille tient un chat auquel un petit garçon présente un chardonneret qu'il vient de tirer de sa cage.

26. Une Marchande, dans le costume savoyard, fait voir des dentelles à une petite fille.

27. Un petit Garçon donnant des cerises à un oiseau.

GREUZE (JEAN-BAPTISTE), *né à Tournus en 1734.*

Copie au pastel par Dubois, élève de l'école de Dijon.

28. Une jeune Fille tenant un chien entre ses bras.

Quoique plusieurs peintres distingués, natifs de la Bourgogne, aient précédé Greuze, il paroît qu'il est le premier dont les auteurs aient fait mention. Voici ce que l'on trouve à son sujet dans un ouvrage publié en 1808, un an après sa mort.

« Greuze, que l'on doit regarder comme le peintre des passions de l'ame, est unique dans l'École française. Il n'y a été ni précédé, ni remplacé. Ses drames larmoyans l'ont fait appeler le *Lachaussée* de la peinture ; l'énergie de ses caractères, le *Hogarth français*. Il eut effectivement la réunion de ces deux talens, mais il fut plus vrai et plus original. Greuze n'a rien emprunté de personne ; ses acteurs ne sont, ni des rois, ni des empereurs, ni des héros. C'est dans la foule du peuple qu'il les a trouvés, qu'il a cherché les diverses expressions des passions de l'homme.

« Cet homme extraordinaire, supérieur de beaucoup à ses contemporains du côté du génie, a laissé à la postérité une galerie de scènes morales qui sera toujours estimée des amis des arts. On y admirera ses têtes rigoureusement dessinées, remplies d'ame et de verve. »

Greuze fut nommé membre de l'Académie royale de peinture en 1785, et mourut à Paris, en 1807, âgé de 73 ans.

———

HOIN (Claude), *né à Dijon en 1750.*

29. Le portrait de Claude Hoin (*pastel.*)

30. Le portrait de François-Jacques Hoin, professeur en chirurgie (1).

Le père et l'aïeul de Claude Hoin étudièrent la médecine et exercèrent avec distinction cet art le plus utile à l'homme, et le plus ancien de tous. Claude Hoin, appelé par la nature à d'autres talens, se livra à la peinture. Il reçut ses premières leçons de François Devosge. Sous ce maître, aussi zèlé que capable, il devint un des élèves les plus distingués de l'École de Dijon. Il se mit ensuite sous la direction de J.-B. Greuze, dont les excellens préceptes le portèrent à un degré de perfection peu commun dans le genre du portrait. Il s'appliqua particulièrement à peindre au pastel, et pratiqua cette manière avec un grand succès. Il

(1) Cet ouvrage est exécuté d'après un procédé qui jusqu'ici semble avoir la propriété de garantir les couleurs de changer ou de pousser au noir. Il faut espérer que l'amateur qui l'a trouvé, communiquera sa découverte, et qu'elle n'aura pas le sort de tant d'autres inventions précieuses pour les arts, qui n'ont pas survécu à leurs auteurs.

réussit aussi très bien dans celle du paysage à la gouache et à l'aquarelle, et fit plusieurs gravures dans le genre du lavis.

Claude Hoin avoit été élu membre de l'Académie des sciences et belles-lettres de Dijon en 1776, et fut nommé Conservateur du Musée de cette ville en 1810.

Il a non-seulement contribué à la beauté de cet établissement par ses talens, ses connoissances et ses soins; mais il l'a aussi enrichi de ses propres ouvrages et de plusieurs tableaux précieux de son cabinet, qu'il a légués au Musée par son testament.

Claude Hoin mourut à Dijon, en 1817, âgé de 67 ans.

JOUVENET (JEAN), *né à Rouen en 1644.*

31. Le Christ sur la Croix. *

COPIE.

32. Jésus descendu de la croix, et les apprêts de la sépulture. La Vierge, debout au pied de la croix, jette un regard plein de douleur vers le ciel, en lui adressant ses regrets de la mort de son fils. Madeleine et Salomé fondent en larmes, tandis que Joseph d'Arimathie et Saint Jean s'occupent des soins de la sépulture. Nicodême, que l'on voit en arrière d'un des bourreaux, est dans la plus profonde affliction.

Jouvenet eut pour maître Jean Jouvenet son

père. Devenu paralytique du côté droit, à l'âge de soixante-neuf ans, il s'exerça à peindre de la main gauche. Son beau tableau du *Magnificat*, qu'il fit depuis son accident pour l'église de Notre-Dame de Paris, est une preuve du succès de son entreprise.

Il mourut à Paris, en 1717, âgé de 73 ans.

LACROIX *florissoit à la fin du xviii.e siècle. On n'a trouvé aucun renseignement sur le lieu et l'année de sa naissance, non plus que sur l'époque de sa mort.*

33. Une Marine.

Lacroix fut élève de Joseph Vernet, et séjourna long-temps en Italie. Le Veau a gravé, d'après lui, *la Cascade de Tivoli*, et une *Vue près de Pouzzol, au golfe de Naples.*

LAFOND, *peintre vivant.*

34. Frénésie de Saül. Ce prince, vaincu par les Philistins, selon l'avertissement de l'ombre de Samuël qui lui avoit apparu par l'évocation de la Pythonisse, croit revoir l'image du prophète qui lui prédit sa défaite. Les chants de David, ni les soins touchans de ses filles, ne peuvent calmer le trouble de son ame. *

(*Ce tableau a été exposé au Louvre, en 1814 sous le n.° 554.*)

LA FONTAINE.

35. Intérieur d'une Eglise gothique.

LA FOSSE (CHARLES DE), *né à Paris en 1640.*

36. Bacchus et Ariane.

La Fosse travailla plusieurs années sous la direction de Le Brun, passa ensuite en Italie où il fréquenta les Écoles romaines et vénitiennes. Il acquit une grande célébrité, et doit être considéré comme un des meilleurs coloristes de l'École française. Les magnifiques peintures du dôme des Invalides, attestent ses talens supérieurs.

Il mourut à Paris, en 1716, âgé de 76 ans.

LAGRENÉE l'aîné (LOUIS-JEAN-FRANÇOIS), *né à Paris en 1724.*

37. Les deux Veuves d'un Officier indien. Eumène, capitaine grec, un des plus dignes successeurs d'Alexandre, après un combat contre Antigone, faisoit ensevelir les morts. Dans la cérémonie, il s'éleva une dispute des plus singulières entre les deux femmes d'un officier indien qui avoit succombé dans la bataille. D'après une loi qui de nos jours est encore en vigueur dans quelques parties de l'Inde, l'épouse doit périr dans les flammes qui consument le corps de son époux. Cette loi ne parle que d'une seule

femme ; ici il s'en trouvoit deux qui se dispu-
toient la gloire barbare de ce genre de mort. La
plus jeune étoit enceinte , et pour ce motif, les
juges lui accordèrent les honneurs du bûcher à
l'exclusion de sa rivale. On la voit monter triom-
phante de joie , conduite par son frère et parée
de ses plus riches ornemens, tandis que l'autre
femme, accompagnée de son enfant , se retire
avec les démonstrations du désespoir. *

Élève de Carle Van-Loo , Lagrenée fut reçu à
l'Académie royale de peinture , sur son tableau de
l'*Enlèvement de Déjanire.*

« Sa manière de peindre , quoique large et facile (dit un auteur , dont nous rapportons les paroles) , ne passera cependant à la postérité que
comme une dégénération de l'école de Van-Loo.
Lagrenée se livra pendant long-temps à peindre de
petits tableaux qui manquent de finesse et de goût ;
mais il fit disparoître son erreur dans une composition intéressante , intitulée : *Les deux Veuves
d'un Officier indien ,* qu'il envoya de Rome pour
être exposée au salon de 1783. » Ce même tableau,
que l'on rapporte avoir valu 10,000 liv. à son auteur , a été envoyé au Musée de Dijon par le Gouvernement.

J.-F. Lagrenée fut membre de l'Administration
du Musée central des Arts , et mourut en 1805 ,
âgé de 81 ans.

LAGRENÉE le jeune (JEAN-JACQUES), *né à Paris en 1739.*

Il fut élève de Jean-François Lagrenée son frère.

38. Diane au bain.

LA HYRE (LAURENT DE), *né à Paris en 1606.*

39. Saint Pierre, combattant l'erreur et l'idolâtrie dans les lieux où elle dominoit avec plus d'empire, est jeté, par l'ordre d'Hérode Agrippa, dans les prisons de Jérusalem. Tandis qu'il étoit sous la surveillance de ses gardes, « l'Ange du Seigneur parut et remplit le lieu de lumière, et poussant Pierre par le côté, il l'éveilla et lui dit : Levez-vous promptement : au même instant les chaînes tombèrent de ses mains. » (*Actes des Apôtres.*)

40. L'Enlèvement des Sabines. (*Voyez le Numéro qui correspond au même sujet, à l'article Pietre de Cortone.*)

41. Le Jugement de Pâris.

La Hyre suivit la profession de son père, peintre d'une médiocre réputation. Il fut le seul artiste français, de son temps, qui ne chercha pas à imiter la manière de Simon Vouët, quoique celle qu'il adopta fut loin de valoir celle de ce peintre distingué. Il avoit peu de goût, et si ses ouvrages ont plus de naturel que ceux de Vouët, ils sont moins agréables.

La Hyre mourut, en 1656, âgé de 50 ans.

LALLEMAND (Jean-Baptiste), *né à Dijon vers 1710.*

42. Une vue d'Italie au soleil couchant.

43. Un paysage avec ruines, effet du matin.

44. Un paysage; une fontaine dont l'eau jaillit par un mascaron attaché à un piédestal surmonté d'un vase; des jeunes filles y puisent de l'eau; une d'entre elles vient de laisser tomber la cruche qu'elle y avoit emplie. Effet de soleil couchant.

45. Un paysage, des gens attablés à la porte d'un cabaret, sur le bord d'une rivière.

46. L'intérieur d'un ménage rustique. Un vieillard assis, le bras appuyé sur un tonneau renversé, vient de servir à boire à une jeune femme qu'un enfant accompagne.

47. Une marine.

48. Un paysage avec figures, dans le goût de Boucher.

49. *Idem.*

5o. *Idem.*   *(Premiers ouvrages de Lallemand.)*

51. *Idem.*

Lallemand étoit fils d'un tailleur qui l'éleva dans son état; mais appelé par la nature à une plus noble profession, J.-B. Lallemand employoit ses momens perdus à dessiner et à peindre, et abandonna bientôt l'aiguille pour le pinceau. On rapporte que travaillant à Paris dans la boutique d'un tailleur, un individu dit un jour, en causant avec le maître, qu'il désireroit bien connoître un peintre capable de faire quelques tableaux dont il vouloit décorer sa maison de campagne. Lallemand se leva à l'instant de l'établi, et s'écria : *je me charge de vous les faire.* Ce trait qui rappelle ce mot du Corrège, *et moi aussi je suis peintre,* excita le rire des spectateurs; mais l'amateur revenant bientôt du dédain et de la pitié que lui avoit d'abord inspiré la jactance du jeune homme, le chargea de peindre les quatre saisons, par où Lallemand signala ses succès futurs, et justifia pleinement la bonne opinion que son enthousiasme et sa confiance en lui-même avoient donnée de ses moyens.

Voulant approfondir les connoissances de son art, Lallemand passa en Italie, et fixa pendant quelque temps son séjour à Rome, où il se maria. Son pinceau y fut employé par les personnes du premier rang. Il se rendit ensuite en Angleterre et revint s'établir à Paris, où il fut reçu membre de l'académie de Saint-Luc (1). Ses bonnes productions peuvent être placées à côté de celles d'artistes célèbres. Il excelloit dans plus d'un genre, mais particulièrement dans celui du paysage et des marines. Nombre de ses ouvrages ont été gravés, indépendamment de ceux

---

* Cette société qui a subsisté, sans faire beaucoup de bruit, jusqu'à la révolution, avoit des statuts qui remontent au 12 août 1391, et avoient été renouvelés en 1619.

que l'on trouve dans le Voyage pittoresque de France. Aussi est-il extraordinaire qu'aucun de ceux qui ont écrit l'histoire des peintres n'aient fait mention de Lallemand. Voici ce que dit de lui M. Picardet l'aîné dans un *Mémoire sur les Ecoles où l'on enseigne l'art du dessin, et sur l'utilité d'un pareil établissement en faveur des métiers ; lu à l'académie de Dijon le 31 juillet 1767*. Il met en note : « M. Venevaut (Nicolas, peintre en miniature), natif de Dijon, est le premier de nos compatriotes qui ait été de l'académie royale de peinture, et M. Lallemand, excellent paysagiste, qui est aussi né dans cette ville, le second digne de l'être. »

J.-B. Lallemand mourut à Paris à un âge très avancé.

LARGILLIÈRE (Nicolas de), *né à Paris en 1656.*

52. Le portrait d'Antoine-Bernard Bouhier.

Largillière, artiste assez marquant parmi les peintres d'histoire, devint célèbre par ses succès dans le genre du portrait. Après avoir appris son art en France sous François Gobeau, il passa en Angleterre où il fut employé par Charles second. A son retour à Paris, Vandermeulen et Le Brun l'engagèrent à se fixer en France, en lui procurant des protecteurs. Sa réputation se répandit bientôt ; il fit le portrait de Louis XIV, des princes et des grands personnages de la cour de ce monarque. L'Académie, dont il devint par la suite directeur, le reçut comme peintre d'histoire, afin d'honorer ses talens d'une manière plus marquée.

Largillière, laissant une fortune considérable, mourut en 1746, âgé de 90 ans.

LE BEAU, *né en Bourgogne.*

53. La Vierge, entourée de la gloire céleste et tenant l'Enfant Jésus entre ses bras, apparoît à Saint Luc, qui, le pinceau à la main, transmet leurs traits divins sur la toile ; plusieurs anges occupent le bas du tableau ; un d'entre eux assiste le saint Évangéliste de ses conseils.

54. L'Ange Gardien fixe l'attention de l'enfant qu'il a pris sous sa protection, en lui montrant la voie du ciel, figurée par une croix, que d'autres anges présentent du haut des nuages.

55. Saint Mathieu,
56. Saint Marc,
57. Saint Luc,
58. Saint Jean, } Évangélistes.

59. Les disciples d'Emmaüs reconnoissent Jésus-Christ à la fraction du pain.

(*Ce tableau, quoique d'un faire et d'un coloris très inférieurs aux autres ouvrages de Le Beau, est attribué à ce peintre dans l'ancien inventaire.*)

60. Tête du Christ.

Non-seulement ceux qui ont écrit l'histoire des

peintres ne parlent pas de Le Beau ; mais ses compatriotes eux - mêmes semblent ignorer le lieu
précis de sa naissance et le temps où il florissoit. Si ses tableaux sont les seuls monumens
qui aient tiré le nom de cet artiste de l'oubli, il
est glorieux pour lui de ne devoir sa renommée
qu'à son propre mérite. On peut juger par ses ouvrages de la place qu'il doit occuper parmi ceux
qui se sont distingués dans son art, et il y
auroit de l'injustice à le mettre au rang des peintres dont les talens ne sont dignes d'aucune célébrité.

LE BRUN (Charles) *né à Paris en 1619.*

61. Jésus foudroyant les Anges rebelles, plafond.
(*Esquisse de l'École de Le Brun.*) *

Le Brun fut élève de Simon Vouët. Le génie
fécond et élevé de ce peintre célèbre, l'a mis au
rang de ceux qui ont le plus contribué à la gloire
de l'École française. Il fut premier peintre de
Louis XIV , et mérita les faveurs de ce Monarque. L'Académie royale de peinture et de sculpture lui est redevable de sa fondation.

Le Brun mourut à Paris en 1690 , âgé de
71 ans.

LE GRAND, *né à Rouen.*

62. La mort de Pline l'ancien. L'embrasement
du Vésuve, arrivé l'an 79 de Jésus-Christ fut si

violent, qu'il ruina des villes entières avec une grande étendue de pays, et que les cendres en volèrent, dit-on, jusques dans l'Afrique, la Syrie et l'Egypte. Pline qui commandoit alors une escadre, voulut s'approcher du volcan, pour observer ce terrible phénomène ; mais il fut puni de sa curiosité, et suffoqué par les flammes. *

LE SUEUR (EUSTACHE), *né à Paris en 1617.*

63. Le Christ sur la Croix. (*Ce tableau décore une des chambres de la Cour royale.*)

64. Jésus crucifié. La Madeleine arrose le pied de la Croix de ses larmes. Plus loin on voit la Mère du Sauveur dans l'abattement ; elle est soutenue par Saint Jean, à qui parle un soldat. Sur la droite du tableau, et dans une partie enfoncée du terrain, sont d'autres gardes qui se retirent. *

65. Même sujet que le n.º précédent. (*Copie tronquée.*)

Le Sueur étudia sous Simon Vouët, qu'il surpassa par l'excellence de ses talens ; il parvint au premier rang des Peintres français, et fut égal en mérite à des artistes célèbres de l'École d'Italie. Les principaux traits de la vie de Saint Bruno représentés en vingt-deux tableaux, et vingt autres morceaux qui font l'ornement du Musée du

Louvre, sont autant de monumens qui immortalisent le nom de Le Sueur.

Une mort prématurée l'enleva en 1655, à l'âge de 38 ans.

LOIR (NICOLAS), *né à Paris en 1624.*

66. Pan et Syrinx. Syrinx, fille du fleuve Ladon, vient se réfugier dans les bras de son père, pour éviter la poursuite du Dieu Pan, qui est sur le point de l'atteindre et de la voir métamorphosée en roseau.

67. L'Enlèvement de Proserpine. Proserpine cueilloit des fleurs dans les prairies d'Enna en Sicile. Le Dieu des enfers la surprend et l'enlève malgré la résistance de Cyane, l'une de ses compagnes.

Loir fut élève de Le Brun. Il copia les ouvrages du Poussin avec une telle précision, que les connoisseurs les plus expérimentés y sont trompés. Il réussit également bien dans différens genres ; mais il excelloit à peindre les femmes et les enfans. Louis XIV le gratifia d'une pension de 4000 fr.

Il mourut à Paris en 1679, âgé de 55 ans.

MANGLARD (ADRIEN), *né à Lyon, en 1696.*

68. Une marine.

Manglard a gravé à l'eau forte divers paysages de marine de sa composition. Le célèbre Vernet est sorti de son École. Il fut membre de l'Académie de peinture, et mourut à Rome en 1760, âgé de 64 ans.

MARTIN (Jean-Baptiste), *né à Paris en 1659.*

69. Le passage du Rhin par l'armée française, en présence des troupes hollandaises, le 11 juin 1672.

Il fut élève de Vandermeulen, et imita son maître.

MIGNARD (Pierre), surnommé le Romain, *né à Troyes en Champagne en 1610.*

70. Le Portrait de Pierre Mignard.

Pierre Mignard étudia son art sous Simon Vouët, en même temps que le grand peintre Le Brun, qu'il n'égala pas sous le rapport de l'ordonnance et de la composition ; mais il le surpassa par un pinceau plus suave et un plus beau coloris. Mignard obtint des lettres de noblesse, et succéda à Le Brun comme premier peintre du Roi et directeur des manufactures. Il ne faut pas le confondre avec Nicolas Mignard son frère, né comme lui à Troyes, et surnommé *Mignard d'Avignon*, à cause du long séjour qu'il fit en cette ville.

Pierre Mignard mourut à Paris en 1695, âgé de 85 ans.

MUNIER, *élève de l'École de Dijon.*

71. Un paysage.

NATTIER (Jean-Marc), *né à Paris en 1685.*

72. Portrait de la Reine, épouse de Louis XV.

73. Portrait du Dauphin, fils de Louis XV.

(*Les têtes seules de ces deux portraits sont peintes par Nattier.*)

Nattier fut reçu membre de l'Académie, en qualité de peintre d'histoire; mais il a plus de réputation comme peintre de portraits.

Il mourut en 1766, âgé de 81 ans.

NATOIRE (Charles), *né à Nîmes en 1700.*

74. La Madeleine.

Natoire fut élève de François Lemoine. Il parvint, par ses talens, à être nommé recteur de l'Académie royale de peinture, et directeur de celle de France à Rome. Il obtint aussi du Roi la faveur honorable d'être fait chevalier de l'ordre de Saint-Michel. Les plus remarquables de ses tableaux peints à fresque, décoroient la chapelle des Enfans trouvés; ce grand ouvrage a disparu, et une partie de la gloire de son auteur ne lui a pas survécu.

Natoire mourut à Castel Gandolphe, près de Rome, en 1777, âgé de 77 ans.

OUDRY (Jean-Baptiste), *né en 1686.*

75. Une anguille, plusieurs autres poissons hors
de leur élément, et deux canards nageant sous
des roseaux.

Largillière fut le maître d'Oudry. Sous la direction de cet artiste distingué, il devint bon peintre d'histoire ; il s'étoit fait recevoir à l'Académie en cette qualité ; mais appelé par la nature
à un genre différent, il ne peignit plus que des
chasses et des animaux. La Manufacture royale
des tapisseries de Beauvais, dont il fut nommé
Directeur, lui dut sa célébrité.

Il mourut en 1755, âgé de 69 ans.

PARROCEL le père (Joseph), *né à Brignoles en Provence en 1648.*

76. Une bataille. *

Parrocel fut élève de Bourguignon, et reçu à
l'Académie de peinture en 1676, sur un tableau
représentant le siège de Maëstricht par Louis XIV.
Il y a trois autres peintres du nom de Parrocel,
Louis, frère de Joseph ; Charles Parrocel, fils
de ce dernier, et Ignace son neveu.

Joseph Parrocel mourut à Paris en 1704, âgé
de 56 ans.

PATER (Jean-Baptiste), *né à Valenciennes, en 1695.*

77. Une danse champêtre : sur la gauche du

tableau, on voit une cascade au fond d'un bos-
quet.

Pater fut élève de Watteau. Il peignit le paysage,
des scènes villageoises et familières. Il imita la
manière de son maître, mais ne parvint pas au
même degré de célébrité.

Il mourut en 1736, âgé de 41 ans.

PERRIN, *peintre vivant, élève de Durameau.*

78. Pauline, femme de Sénèque, ne voulant pas
survivre à son époux, s'étoit fait ouvrir les
veines. Néron apprenant sa résolution, envoie
des ordres pour la sauver ; on arrête son sang,
on lui rend la vie. *

POUSSIN (Nicolas dit Le), *né aux Andelys en
Normandie, en 1594.*

79. Le Martyre de Saint Erasme. le Saint Evêque
souffre la mort pour n'avoir pas voulu sacrifier
sur les autels d'Hercule. Des Anges lui appor-
tent la couronne du martyre. * (*Copie par M.
Martin, peintre vivant.*)

80. Le Sacrement de l'Extrême-Onction. (*Copie
par Revel, amplifiée à grandeur naturelle.*)

81. Le Frappement du rocher. (*Copie par Revel,
amplifiée à grandeur naturelle. Le tableau
original étoit dans la galerie du Palais royal.*)

Le Poussin dut sa grande célébrité à des dispositions supérieures, et à une étude approfondie

de son art. Lorsqu'il quitta la France pour aller en Italie, il possédoit déjà un talent remarquable, quoiqu'il n'eût encore étudié que quelques mois sous des maîtres de peu de mérite. Dans la patrie des beaux arts, où il se forma, il acquit bientôt une réputation qui rendit son nom immortel. Il est à regretter que pressé par des demandes nombreuses, il ait été le plus souvent obligé de renfermer ses plus grandes conceptions dans des bornes un peu étroites. Le tableau dont le Musée de Dijon possède une belle copie sous le n°. 79 est du petit nombre de ceux que *Le Poussin* a exécutés dans une grande dimension.

Il mourut à Rome en 1665, âgé de 71 ans.

***

QUENTIN (Nicolas), *né en Bourgogne.*

82. La Présentation de Jésus au Temple.
83. Sainte Marguerite, en faisant le signe de la croix, échappe à la voracité d'un dragon qui est sur le point de l'engloutir.
84. La Circoncision.
85. Tête de Sainte Elizabeth.
86. La Visitation.
87. L'Adoration des Bergers.
88. Saint Jean écrivant l'Evangile.

Les auteurs ne parlent point de Nicolas Quentin ; on ignore même dans son propre pays l'année et le lieu précis de sa naissance. Ses talens étoient

cependant assez marquans pour fixer l'attention
de ses contemporains, et mériter une notice honorable à son souvenir. Il paroît, d'après l'originalité de son pinceau et de ses compositions, qu'il
ne chercha à se former sur la manière d'aucun
maître, et qu'il puisa ses talens dans le génie dont
l'avoit doué la nature. Le Poussin passant par Dijon, et voyant son tableau de la Communion de
Sainte Catherine, qui est actuellement dans l'église
de l'hospice Sainte-Anne, dit : *Ce peintre n'en-
tend pas ses intérêts, que ne va-t-il en Italie !
il y feroit fortune.*

Quentin mourut à Dijon en 1646.

RESTOUT (Jean), *né à Rouen en 1692.*

89. Saint Jean, après avoir donné le baptême à
Jésus, s'humilie devant le Fils de Dieu. *

Fils et petit-fils de peintre, Jean Restout naquit
avec un goût décidé pour la profession de son père
et de son aïeul, mais fut doué d'un génie plus
élevé. Il étudia sous Jouvenet, fut membre des
Académies de peinture de Caen et de Rouen, et
agrégé à celle de Paris.

Il mourut en 1768, âgé de 76 ans.

REVEL (Gabriel), *né à Chateau-Thierry en 1643.*

90. Portrait de Pierre Lenet, procureur-général
du Parlement de Dijon, en 1641.

. 91. Portrait de Dubois , sculpteur dijonnais.

Revel , dont les talens avoient mérité l'attention de Le Brun , fut employé par lui dans l'exécution des tableaux qui décorent le palais de Versailles. Revel vint à Dijon , y fit plusieurs tableaux d'église et un grand nombre de portraits. On voit dans l'église de Notre-Dame de cette ville une Annonciation de sa composition , et quatre tableaux , placés dans le chœur , qu'il copia d'après les ouvrages les plus célèbres des grands maîtres de diverses Écoles.

Revel se fixa à Dijon où il mourut en 1712 , âgé de 69 ans.

RIGAUD (Hyacinthe), *né à Perpignan en 1659*.

92. Le portrait de Jean de Berbisey , baron de Vantoux , premier président du parlement de Bourgogne , en 1715.

93. Le portrait de Louis XIV. (*Copie anonyme*).

Rigaud peignit le portrait. Il est au rang des premiers peintres de son genre. Aucun , mieux que lui , ne sut animer la ressemblance et unir la dignité à la noblesse. Il fit les portraits de cinq Monarques, de presque tous les Princes de la Maison de Bourbon et des personnages les plus distingués de son temps. Il obtint de l'Académie la même faveur que Largillière , y ayant été reçu comme peintre d'histoire.

Rigaud mourut à Paris, en 1743, âgé de 84 ans.

ROBERT (HUBERT), *né à Paris en 1733.*

94. L'intérieur d'un Temple antique, dans lequel se pratiquent des cérémonies religieuses.

95. Une écurie sous les voûtes d'un ancien édifice.

Robert n'eut point de maître. Il abandonna la peinture historique qu'il avoit étudiée dans sa jeunesse, pour ne plus faire que des tableaux d'architecture et de ruines. Il fut reçu académicien sur un tableau de ce genre, et mourut en 1808, âgé de 75 ans.

TASSEL (RICHARD), *né à Langres en 1608.*

96. Le Portrait de Richard Tassel, dans le costume de pélerin, sous lequel il fit le voyage d'Italie.

97. L'Adoration des Mages.

98. Le triomphe de la Vierge dans le Ciel. Les martyrs qui l'entourent sont en adoration devant elle. Plus haut on distingue les apôtres. Dans une région plus élevée, les hiérarchies célestes contemplent la Sainte Trinité dans sa gloire. Le Père Éternel, et Jésus-Christ assis à sa droite, ont chacun une main appuyée sur un globe au-dessus duquel paroît le Saint-Esprit.

99. L'Adoration des Mages.

100. La Présentation de la Sainte Vierge. Sainte Anne et Saint Joachim la présentent au Grand-

Prêtre qui lui tend les bras ; le Saint-Esprit vient sanctifier cette auguste cérémonie par sa présence.

101. La Présentation de Jésus au Temple. (*Pour la description de cette sainte cérémonie, voyez le numéro 161 qui correspond au même sujet.*)

102. La Madeleine.

103. Le Christ descendu de la croix.

104. Tête du Christ.

105. Tête de la Sainte Vierge.

106. La Justice.

107. La Madeleine.

108. Tête de Jésus adolescent.

109. Tête de la Sainte Vierge.

110. Tête de la Sainte Vierge.

111. Tête du Christ.

112. Portrait de Thérèse-Marie-Josephe de Sanzette, fondatrice des Ursulines de Dijon.

113. Le Mariage d'un Prince. On est dans le doute sur le sujet positif de ce tableau envoyé par le Gouvernement. Les uns prétendent qu'il représente la cérémonie du mariage de François I.er ; d'autres disent que c'est celui de Philippe-le-Bon, Duc de Bourgogne, avec Isabelle de Portugal ; d'autres enfin veulent que ce soit le mariage de Maximilien, prince héréditaire d'Autriche, avec Marie de Bourgogne, fille du Duc Charles-le-Téméraire. On n'est pas plus d'accord sur le peintre qui en est l'auteur. On l'a

rangé sous le nom de Tassel, d'après l'analogie singulière de sa touche et de son coloris, avec le tableau décrit sous le N.º 98. *

Le père de Richard Tassel (Pierre Tassel), étoit un peintre d'un mérite assez distingué, qui cultiva son art en qualité d'amateur. Il en inspira le goût à son fils et fut son premier maître. Richard ayant atteint sa dix-huitième année, se détermina à visiter l'Italie, où il se rendit sous l'habit de pélerin. Il parcourut les principales villes de la patrie des beaux arts, pour étudier les chefs-d'œuvre de l'Antiquité, ceux des peintres anciens et contemporains. Il fixa son séjour à Bologne, pour se mettre sous la direction du Guide, dont les talens l'avoient séduit. Après avoir travaillé quelque temps sous cet artiste célèbre, il alla à Rome où il se distingua par l'exécution et la rapidité de son pinceau. Le nombre des ouvrages qu'il a laissés est considérable ; et l'on s'étonne avec d'autant plus de raison du silence des écrivains à son sujet, que sa réputation franchit, de son vivant, les limites du pays qui l'avoit vu naître. Il fut vanté par Le Sueur et Le Brun. Ce dernier lui proposa de travailler aux grands ouvrages ordonnés par Louis XIV ; mais Tassel se refusa à sa proposition, Le Brun prétendant seul à la gloire de leurs talens réunis.

Universel dans son art, la sculpture et l'architecture furent aussi de son ressort. Pendant son séjour à Venise, il se montra bon statuaire. A son passage à Lyon, il fit les plans de différens édifices de cette ville.

Richard Tassel ayant reçu une éducation soignée, possédoit d'autres talens. La preuve en est dans les fonctions honorables qui lui furent confiées à son retour de Rome. Il fut nommé échevin et receveur du chapitre de la ville de Langres, et chargé de missions importantes pendant les troubles de la fronde.

Une épitaphe honorable nous apprend que Tassel mourut en 1660, âgé de 52 ans.

TROY (Jean-François de), *né à Paris en 1676.*

114. Jésus conduit devant Pilate, qui se lave les mains en déclarant qu'il est innocent du sang du Juste. *

J.-F. de Troy fut élève de son père; fit le voyage d'Italie où il se perfectionna. A son retour à Paris, son mérite le fit choisir pour être Recteur de l'Académie de peinture, et depuis Directeur de celle de France à Rome. Il fut fait chevalier de l'ordre de Saint-Michel et nommé secrétaire du Roi.

Il mourut à Rome, en 1752, âgé de 76 ans.

VAFFLARD, *peintre vivant.*

115. Pour venger son père, et par l'ordre des Dieux, Oreste avoit tué sa mère. Fatigué de ses

remords, il succombe et s'endort dans les bras d'Electre. Les compagnes de celle-ci viennent s'informer de l'état d'Oreste. Elle les conjure de ne pas l'éveiller. « Mes compagnes, mes amies, faites silence, ne l'éveillez pas. » *

(*Ce tableau a paru à l'exposition du Louvre de 1814 sous le numéro 66.*)

VALENTIN (Moïse), *né à Coulomiers dans la Brie, en 1600.*

116. Saint Jean, demi figure. *

117. Saint Pierre délivré par l'ange. * (*Tableau attribué à Valentin*).

108. Martyres de Saint Process et Saint Martinien, qu'on présume avoir été convertis par Saint Pierre et Saint Paul dans la prison. Ce tableau a été exécuté en mosaïque à l'une des chapelles de Saint-Pierre au Vatican. * (*Copie par M. Perrin, peintre vivant.*)

119. Un jeune Solitaire méditant sur une tête de mort. (*Copie.*)

120. Le Marchand de gibier. Un chasseur lui vend le produit de sa chasse. Un jeune homme qu'on aperçoit entre ces deux figures, est occupé du calcul relatif à ce marché. (*Imitation de Moïse Valentin*).

Valentin fut élève de Simon Vouët, mais quitta ce maître après peu de temps, pour aller étudier ton art en Italie. Il s'attacha à la manière du Caravage et de Manfredi qu'il a imités avec le succès le plus complet.

Il mourut à Rome, en 1632, âgé de 32 ans.

VAN LOO (CHARLES-ANDRÉ), *appelé plus communément* CARLEV AN LOO, *né à Nice en Provence en 1705.*

121. Saint Denis et ses disciples Rustique et Eleuthère, dont la foi avoit déjà été éprouvée par divers tourmens, sont amenés enchaînés au pied du tribunal où préside Lisinnius-Fescennius, qui les condamne à être décapités. Le moment que l'artiste a saisi, est celui où une femme nommée Catule, demande et obtient que les corps des trois martyrs lui soient remis.

122. Couvert d'une armure et monté sur un cheval blanc, Saint George terrasse un énorme dragon. On reconnoît dans ce sujet l'emblême du triomphe de la Foi sur les efforts du démon. La Sainte qu'on voit agenouillée sur le second plan, semble désigner la Cappadoce arrachée à l'idolâtrie par les soins du généreux martyr.

123. Le Portrait en pied de Louis XV.

Quatre artistes, du nom de Van Loo, figurent avec distinction dans l'histoire des peintres de l'École française. Jean-Baptiste Van Loo, frère et maître de Charles-André Van Loo, réussissoit dans le genre de l'Histoire ; mais il est sur-tout recommandable par ses portraits. Louis-Michel et Charles-Amédée-Philippe Van Loo, ses fils et élèves, furent l'un, premier peintre du Roi d'Espagne, et l'autre, premier peintre du Roi de Prusse. Charles-André se distingua des autres par un talent supérieur ; aussi fut-il comblé d'honneurs. Il devint peintre du Roi, professeur de l'Académie de peinture et chevalier de l'Ordre de Saint-Michel.

Carle Van Loo mourut à Paris, en 1765, âgé de 60 ans.

VISPRÉ.

124. Un Trompe-l'œil, où sont représentées une plume et une estampe attachées sur une planche de sapin.

VOUET (Simon), *né à Paris en 1582*).

125. La Présentation de la Vierge. Dès ses premiers ans, elle est présentée par Ste. Anne et St. Joachim, au grand-Prêtre qui reçoit son vœu de se consacrer à Dieu. L'agneau qu'apporte un homme et qu'il dépose au pied des marches du Temple, est une image de l'humilité, de la docilité, de l'innocence, et de la soumission avec laquelle Marie s'offre elle-même en sacrifice. *

126. Le Christ sur le linceuil. *

Simon Vouët fut élève de son père Laurent Vouët. Il passa en Italie où il se forma par l'étude

des ouvrages du Caravage et de Paul Veronèse.
Il abandonna néanmoins la manière de ces grands
maîtres, à son retour en France. Louis XIV lui
accorda une pension, le nomma son premier peintre ; mais sa plus grande gloire est d'avoir formé
les plus habiles peintres de son temps : Le Sueur,
Le Brun, Pierre Mignard, Dufresnoy, Baptiste
Mole, etc.

Simon Vouët mourut à Paris en 1641, âgé de
59 ans.

Tableaux anonymes de l'Ecole française.

PORTRAITS.

127. Philippe-le-Hardi,
128. Jean-Sans-Peur,
129. Jean-Sans-Peur,
130. Philippe-le-Bon,
131. Isabelle de Portugal, } Ducs de Bourgogne.
    épouse de Philippe-le-
    Bon.
132. Charles-le-Téméraire.

133. Jacques de Saulx, comte de Tavannes.
134. François-Joseph Languet, archevêque de
    Sens, en 1730.
135. Nicolas Brulart, président au parlement de
    Bourgogne, en 1657.
136. Odinet Godran, président au parlement de
    Bourgogne, fondateur du collége, en 1581.

Portraits.

137. Un architecte dijonnais.

138. Le Bâtard de Dunois.

139. Un peintre inconnu.

140. Saint Bernard.

141. Gaspard de Saulx de Tavannes, maréchal de France, gouverneur de Provence et amiral des mers du Levant.

142. Jérôme Marlet, ancien Conservateur du Musée (*Pastel.*)

143. Portrait de Mme ****

Sujets divers.

144. Un religieux méditant sur une tête de mort.

145. La Vierge, entourée de la cohorte céleste, présente l'Enfant Jésus à Saint Antoine de Padoue. Le Saint, agenouillé, reçoit avec respect ses caresses enfantines. *

146. Iris coupant le cheveu fatal à Didon sur le bûcher.

147. Une Marine.

148. Andromède délivrée du monstre par Persée.

149. Pyrame et Thisbé.

150. Vénus et l'Amour.

151. Un masque de femme.

ÉCOLES FLAMANDE, ALLEMANDE ET HOLLANDAISE.

BERNAERT (Nicasius), *né à Anvers en 1608.*

152. Deux lièvres, un canard, un faisan et autre gibier mort ; deux chats survenus pour y goûter, sont surpris par un chien de chasse. * ·

Nicasius Bernaert fut élève de Franç. Sneyder, imita la touche, le coloris de son maître, et atteignit presque le même degré de célébrité.

Il mourut à Paris en 1678 , âgé de 70 ans.

BOHOT (*vivoit en 1658*).

153. Le toucher. Un vieillard panse une blessure qu'un enfant a au front.

154. La vue. Deux hommes prennent avec un compas des mesures sur un globe céleste.

155. L'odorat. Une marchande bouquetière et un homme ravi de la bonne odeur d'une fleur qu'il tient à la main.

156. Le goût. Une femme tient un verre , tandis qu'un homme s'apprête à lui verser à boire.

157. L'ouïe. Un homme et une femme jouant , l'un d'une trompette recourbée , l'autre de la musette.

Bohot n'est point cité par les auteurs, quoique

sa touche , pleine de finesse et de facilité , et la
vérité de son coloris méritent les éloges accordés
à des artistes célèbres de l'Ecole flamande. Les
cinq tableaux précédens sont attribués, dans l'ancien inventaire , à André Both dont on parlera
plus bas ; mais outre la différence de l'orthographe
du nom , celui-ci étoit mort avant l'année 1658,
dont les tableaux désignés ci-dessus portent la
date.

BOTH (André et Jean), *nés à Utrecht vers 1610.*

158. Vue d'Italie au soleil couchant. Sur le premier plan , une femme à cheval s'arrête pour
parler à un pélerin ; plus loin , sur la route qui
borde des rochers élevés et se perd dans le fond
du paysage, on distingue des paysans près d'une
cabane et plusieurs voyageurs.

André et Jean Both furent élèves d'Abraham
Bloemaert. On ne peut guère citer l'un sans l'autre , attendu que vivant dans la plus tendre
union , ils concouroient le plus souvent à l'exécution du même tableau ; André peignoit la figure
dans le goût du Bamboche ; Jean s'adonna exclusivement au paysage et s'appliqua à imiter la manière de Claude le Lorrain. Ils se rendirent à
Rome pour se perfectionner dans leur art, et y
résidèrent un temps considérable. André et Jean

Both moururent tous deux dans la même année
1656 , âgés d'environ 44 ans.

BREUGHEL dit DE VELOURS (JEAN), *né à Bruxelles vers 1589.*

159. Une maison de plaisance et ses dépendan-
ces , à vue d'oiseau. *

Breughel de Velours fut élève de Goe-Kindt ,
et très supérieur dans son genre à son père Peter
Breughel , qui peignit des batailles , des marches
d'armées, des attaques de brigands , des scènes de
cabaret , etc. Jean Breughel eut un frère qui fut
surnommé Breughel d'Enfer , à raison du goût
particulier qu'il avoit de peindre des diables et
des sorciers.

Jean Breughel mourut à Anvers, en 1642, âgé de
53 ans.

BRIL (PAUL), *né à Anvers en 1556.*

160. Sur un chemin qui borde une forêt , on distingue des chasseurs ; à la droite du spectateur,
une percée laisse entrevoir un beau fond de
paysage.

Paul Bril fut élève de Daniël Wortelmans. Il
résida long-temps à Rome avec son frère Mathieu
Bril. Après avoir vu les ouvrages des grands peintres
italiens , il changea la manière qu'il avoit adoptée
sous son premier maître. Beaucoup de ses paysages

sont ornés de figures de la main d'Annibal Carrache, de Josepin, de Rottenhamer.

Paul Bril mourut à Rome en 1626, âgé de 70
ans.

CHAMPAGNE ou CHAMPAIGNE (Philippe DE), *né à Bruxelles en 1602.*

161. La Présentation de Jésus au Temple. Siméon
est conduit dans le temple de Jérusalem par
l'inspiration du Saint-Esprit, au moment où,
pour l'accomplissement de la loi, Joseph et
Marie y présentoient Jésus et les deux colom-
bes qui devoient y être offertes en sacrifice.
Alors le vieillard prenant l'enfant entre ses
bras, rend grâces à Dieu, et lui témoigne sa
reconnoissance du choix qu'il a fait de lui pour
présider à cette auguste cérémonie, en disant :
« C'est maintenant, Seigneur, que vous lais-
serez mourir en paix votre serviteur, selon
votre parole; puisque mes yeux ont vu le Sauveur que vous nous donnez, et que vous des-
tinez pour être exposé à la vue de tous les
peuples ; pour être la lumière qui éclairera
les nations, et la gloire d'Israël votre peuple. » (*Evangile selon S. Luc*). On distingue
le Grand-Prêtre dans une partie plus reculée
du Temple qui offre l'aspect d'une magnifique
perspective. *

Philippe de Champaigne reçut ses premières

leçons de deux peintres d'un mérite inférieur, devint ensuite élève de Fouquières , sous lequel il fit de grands progrès , et passa de-là sous la direction du Poussin qui acheva de le perfectionner. Il eût été peintre du Roi , si le crédit , le talent et la réputation de Le Brun ne lui eussent enlevé cette place.

Quoique Philippe de Champaigne , établi à Paris dès l'âge de 19 ans , y ait acquis les connoissances de son art qui l'ont rendu célèbre , et que l'École française ait bien des titres à le réclamer , il est néanmoins mis au rang des peintres qui ont illustré l'École flamande.

Phil. de Champaigne mourut à Paris en 1674, âgé de 72 ans.

CHAMPAIGNE (JEAN-BAPTISTE de), *né à Bruxelles en 1645.*

162. Plongée dans la plus profonde affliction , la Mère de douleur pleure son Fils au pied de la Croix. *

163. Le Bon Pasteur ayant abandonné son troupeau dans le désert pour aller à la recherche d'une de ses brebis , la rapporte sur ses épaules , plein de joie de l'avoir retrouvée. *

J.-B. de Champaigne passa plusieurs années en Italie pour se perfectionner ; mais les leçons qu'il reçut dans la plus célèbre des Écoles, n'altérèrent point le style qu'il avoit adopté avant son voyage ; il acquit un talent distingué en restant néanmoins inférieur à son oncle Philippe de Champaigne , son premier maître.

J.-B. de Champaigne mourut en 1688 , âgé de 43 ans.

CRAYER (Gaspard de) , *né à Anvers en 1582.*

164. L'Assomption de la Vierge. A son arrivée au séjour céleste , elle est placée entre Dieu le Père et Jésus-Christ, qui soutiennent sur sa tête une couronne au-dessus de laquelle paroît le Saint-Esprit. Les Apôtres , saisis d'admiration , sont rangés autour du sépulchre. La Madeleine , Saint Jean et Saint Joseph regardent avec étonnement les fleurs qu'ils trouvent à la place que Marie occupoit. *

165. La Vierge assise au pied de la Croix , jette un regard plein de douleur vers le Ciel ; elle soutient le bras de son Fils étendu sans vie devant elle. La Madeleine et Saint Jean se disposent à couvrir le Corps de Jésus du linceuil ; Joseph d'Arimathie et Nicodème prennent part aux préparatifs de la sépulture.

(*Attribué à Gaspard de Crayer.*)

Crayer eut pour maître Raphaël Coxie. Il approcha de Rubens en mérite et en célébrité , le surpassa quelquefois par la correction du dessin , et fut souvent son égal sous d'autres rapports.

Lé nombre de ses ouvrages est prodigieux comme ceux de son compétiteur.

Gaspard de Crayer mourut en 1669, âgé de 87 ans.

DURER (ALBERT), *né à Nuremberg en 1471.*

166. La Tête de Saint Jean-Baptiste dans un plat d'or richement ciselé. Elle est entourée d'Anges d'une très petite proportion, qui sont représentés avec l'expression de la douleur. Un d'entre eux agenouillé devant un des yeux du Précurseur de Jésus-Christ, en entr'ouvre la paupière. (*Tableau dans le goût d'Albert Durer.*)

Albert Durer fut élève de Volgemuth. Aucun peintre n'eut un génie plus universel, ni une connoissance plus étendue des principes de son art. il possédoit si bien l'anatomie, la perspective, la géométrie, l'architecture civile et militaire, qu'il a fait des traités de ces différens sujets. Malgré le goût gothique et la sécheresse dont on peut lui faire un juste reproche, les peintres italiens ont profité des beautés de ses ouvrages. Raphaël lui-même apprécioit le mérite d'Albert Durer, et passe pour avoir tiré un grand avantage des ouvrages gravés par ce maître extraordinaire.

Albert Durer mourut en 1528, âgé de 57 ans.

ELSHEYMER (ADAM), *né à Francfort en 1574.*

167. Une femme qui prépare le souper de quatre enfans. (*Dans le goût d'Elsheymer.*)

Elsheymer fut élève de Philippe Offenbach et maître de Teniers le vieux. Le Bamboche étudia les ouvrages de ce maître distingué.

Il mourut à Rome en 1620 , âgé de 46 ans.

EYCK (HUBERT VAN), *né à Maseyck, en 1366.*

168. Le portrait de Nicolas Rollin , célèbre chancelier de Bourgogne, sous Philippe le Bon. (*Cet ouvrage curieux par son ancienneté et le goût dans lequel il est exécuté, a été donné au musée par Claude Hoin, mort dans les fonctions de Conservateur de cet établissement.*)

Hubert Van Eyck fut le maître de Jean Van Eyck son frère, inventeur de la peinture à l'huile , plus connu sous le nom de Jean de Bruges.

Il mourut en 1426 , âgé de 60 ans.

EYCK (JEAN VAN), dit Jean de Bruges , *né à Maseyck en 1370.*

169. Deux personnages dans le costume hollandais.

170. Un portrait d'homme (*Dans le goût de ce maître.*)

Il eut pour maître son frère Hubert Van Eyck, dont il surpassa de beaucoup les talens. Quoique son dessin ne soit pas dans ce goût large , pur et gracieux, qui est le cachet des grands maîtres de l'École d'Italie ; le mérite de Jean de Bruges , sous d'autres rapports , le recommande à la postérité par la découverte qu'il fit de l'art de peindre à l'huile. Ce fut en 1410 , qu'après un grand travail et mille tentatives infructueuses , il parvint à garantir les couleurs des injures du temps par un moyen auquel nous devons la conservation d'une infinité d'ouvrages des peintres célèbres qui lui ont succédé.

Jean Van Eyck mourut à Bruges en Flandre dans un âge très avancé.

FRANCART (Gilberts) *florissoit en 1664.*

171. Saint François de Sales. Le digne Evêque de Genève revêtu de ses habits pontificaux , agenouillé et rendant grâces à Dieu d'être admis au nombre des bienheureux , reçoit les hommages des Anges au moment de sa canonisation. (*La date du tableau détermine le sujet , le Saint Instituteur de l'ordre de la Visitation ayant été canonisé en 1665.*)

Quoique Francart soit connu par la beauté des productions de son pinceau, et qu'il soit un de ceux qui ont illustré l'École de Rubens , les auteurs n'ont recueilli aucuns détails sur sa vie , pas même les époques, ni le lieu de sa naissance et de sa mort. Ce n'est qu'à l'aide de la signature et de la date que porte le tableau décrit ci-dessus, que l'on a découvert le prénom de cet artiste et le temps où il vivoit.

FRANCK le jeune (FRANÇOIS) , *né à Anvers en 1580.*

172. Thomyris, Reine des Scythes, ayant vaincu Cyrus, Roi des Perses, tombé en son pouvoir, ordonne qu'on lui tranche la tête, et la faisant plonger dans un vase de sang , elle lui adresse ces paroles injurieuses : *Cruel ! rassasie-toi après ta mort du sang dont tu as eu soif pendant ta vie, et dont tu étois insatiable.*

173. L'Adoration des Mages. (*Quelques connoisseurs pensent que cet ouvrage est du père de Franck le jeune.*)

174. L'Adoration des Mages. (*Même genre que le précédent.*)

175. Jésus devant Pilate. (*Ecole des Franck.*)

François Franck le jeune, élève de son père François Franck, dit le vieux, voyagea en Italie, et se forma par l'étude des ouvrages des maîtres de l'École vénitienne. Il fut supérieur en talent à son père ; mais il y a une telle analogie entre leurs tableaux, qu'il est souvent difficile d'en faire la distinction.

Plusieurs peintres du même nom ont illustré l'École flamande, entre autres Sébastien et Baptiste Franck.

Franck le jeune mourut au lieu de sa naissance, en 1642, âgé de 62 ans.

GREUZEN (CHARLES) *vivoit en 1759.*

176. Un paysage.

177. Un paysage.

178. Une marine.

179. Une marine.

180. Un paysage.

181. Un paysage.

182. Un marché aux chevaux.

183. Vue d'une ville.

184. Vue d'une ville.

GRIFF (A.), *élève de François Sneyders, florissoit vers le milieu du 17e. siècle.*

185. Deux lièvres, un levraut, des perdrix, une bécasse et autre gibier mort.

HONTHORST (GÉRARD), *né à Utrecht en 1592, nommé aussi Gérard della Notte, à cause du grand nombre d'effets de nuit qu'il a peints.*

186. L'Adoration des Bergers. (*Effet de nuit.*) L'Enfant Jésus resplendissant d'une lumière divine, éclaire la Vierge et les Bergers qui sont en adoration devant lui. Un de ces adorateurs rustiques joint à ses hommages l'offrande

d'un chevreau blanc. Saint Joseph entre dans l'étable un flambeau à la main.

COPIES OU IMITATIONS.

187. Un jeune homme jouant de la mandoline.

188. Un jeune homme tenant une lumière qu'il cache au spectateur avec sa main.

Honthorst fut élève d'Abraham Bloëmaert. Il alla en Italie pour se perfectionner , s'établit à Rome, et devint célèbre. Il fut employé par les personnes du premier rang. Il revint ensuite dans sa patrie , puis passa en Angleterre, où il travailla pour Charles Ier. Il retourna enfin en Hollande , embellit de ses ouvrages les maisons de plaisance de son Souverain , et laissa des productions de son pinceau , qui lui ont assuré une réputation grande et durable. Il mourut âgé d'environ 70 ans.

KRANACH (Lucas Van Muller dit)
né à Cranach , dans l'Évêché de Bamberg , en 1470.

189. Le portrait d'un peintre.

Le grand mérite de Kranach lui valut la protection de l'Électeur de Saxe. Ses meilleurs ouvrages sont conservés dans le palais de ce prince.

Il mourut en 1553 , âgé de 83 ans.

KRAUSE (François) , *né à Augsbourg en 1706.*

ESQUISSES.

190. Jésus prenant un repas auquel Simon le

Pharisien l'avoit invité ; la Madeleine entre , se prosterne aux pieds du Sauveur , les arrose de ses larmes, les essuie de ses cheveux , les baise , et les couvre de parfums. Le Seigneur, touché de sa contrition et de son humilité , lui accorde la rémission de ses péchés , à l'étonnement de Simon et de ses convives. (*Esquisse du grand tableau qui décoroit le réfectoire de la Chartreuse de Dijon.*)

191. Les Disciples d'Emmaüs reconnoissent Jésus-Christ à la fraction du pain.

192. Un bourreau, après avoir décapité Saint Jean, en présente la tête à Hérodiade. Un esclave noir tient le bassin où elle va être déposée.

193. Le retour de l'Enfant prodigue.

194. La Résurrection du Lazare.

195. Même sujet que le n°. précédent.

196. La parabole des Ouvriers de la Vigne.

Krause naquit avec des dispositions extraordinaires pour la peinture , mais dans un état d'indigence qui lui refusoit les moyens de développer son génie. Un homme de qualité, protecteur des arts, les lui fournit en l'emmenant avec lui à Venise , où il le plaça à l'École de Baptiste Piazzetta , sous lequel il acquit bientôt de la célébrité par l'imitation parfaite de ce maître. Son amour propre excessif lui fit éprouver des désagrémens en Italie. Il passa en France, où il trouva beaucoup d'emploi. Il travailla principalement pour

les Eglises et les Couvens. On cite que son plus
bel ouvrage représentant Jésus chez Simon le
Pharisien , faisoit l'ornement du réfectoire de la
Chartreuse de Dijon. On ignore ce qu'est devenu
ce tableau depuis la destruction du monastère. Il
en existe une copie , faite par dom René , Chartreux , dans l'Eglise cathédrale de Dijon.

François Krause mourut à Venise en 1754 ,
âgé de 48 ans.

LISABERT (PETERS.)

197. Le Jugement dernier.

MEULEN (ANTOINE-FRANÇOIS VAN DER), *né
à Bruxelles en 1634.*

198. Le siège de Besançon , en 1674. *

199. Le siège de Lisle , en 1667. *

200. Le portrait de Louis XIV à cheval.

201. Le passage du Rhin en présence de l'armée
hollandaise , le 11 juin 1672. *

202. Le siège de Givet. *

Van der Meulen eut pour maître Pierre Sna-
gers. Ses grands talens le firent distinguer par
Colbert , qui l'appela en France. Il fut employé
par Louis XIV , eut l'honneur de suivre ce Monarque dans toutes ses campagnes , et de recevoir
directement ses ordres. Les tableaux nombreux
qu'il fit au centre des armées , joignent au mérite
d'une exécution supérieure , celui d'une parfaite
exactitude.

Il mourut en 1690 , âgé de 56 ans.

NEEFS (Peeter), *né à Anvers, vers 1570.*

203. L'intérieur d'une église ; effet de nuit. Les figures sont d'Abraham Teniers.

204. L'intérieur d'une église gothique. (*Cet ouvrage est attribué par les uns à Peeter Neefs le jeune, fils du précédent ; par les autres, à Henri Steenwick.*)

Peeter Neefs fut élève de Steenwick le père. Il acquit une grande célébrité dans le genre des intérieurs d'églises qu'il adopta presque exclusivement ; comme il ne peignoit point bien la figure, celles qui se trouvent dans ses tableaux sont faites par François Franck, Van Tulden, Breughel de Velours ou David Teniers. Celles de l'exécution de ces deux derniers ajoutent beaucoup à la valeur des ouvrages de Peeter Neefs.

On croit qu'il mourut en 1651, âgé d'environ 81 ans.

***

NETSCHER (Gaspard , Théodore et Constantin) *florissoient, le premier à la fin du 17.ᵉ siècle, et les deux autres au commencement du siècle suivant.*

205. Vertumne et Pomone (*copie portrait*). Ce tableau, gravé par Basan, est intitulé : La Crédulité nuisible.

Gaspard Netscher est au rang des premiers peintres de l'Ecole flamande.

OSTADE (Adrien Van), *né à Lubeck en
1610.*

206. Un enfant qui tient une vessie (*dans le goût
d'Ostade.*)

207. Un homme jouant d'une sorte d'instrument
flamand , appelé Rommelpot (*dans le goût
d'Ostade*).

Ostade étudia son art à Harlem , sous François
Hals. Son pinceau est si plein de vérité , que
quoiqu'il n'ait jamais traité que des sujets d'un
genre commun , sans chercher même à corriger
les moindres défauts de la nature , il est rangé au
nombre des premiers peintres qui ont illustré
l'École hollandaise.

Il mourut à Amsterdam , en 1685 , âgé de 75
ans.

POELEMBURG (Corneille), *né à Utrecht ,
en 1586.*

208. Un paysage avec figures. Un homme assis
converse avec une femme qui est debout à sa
droite. Plusieurs autres figures et des ruines
enrichissent le paysage.

Corneille Poelemburg fut disciple d'Abraham
Bloemaert. Il alla à Rome pour se perfectionner,
se forma un style particulier entièrement neuf,
et , sous bien des rapports , préférable au goût
flamand , mais qui ne tient nullement de la ma-

nière d'aucun maître de l'Ecole d'Italie. Le paysage, orné de figures, est le genre qu'il adopta exclusivement.

Il termina sa carrière au lieu de sa naissance, en 1660, âgé de 74 ans.

REMBRANDT VAN RYN (PAUL), *né près de Leyden, en 1606.*

209. Une tête de vieillard (*vue de profil.*)
210. Une tête de vieille (*idem*).

Rembrandt fut successivement disciple de Jacques Swanenburg, de Pierre Lastman et de Jacob Pinas. On dit que c'est sous ce dernier maître qu'il prit le goût de cette forte opposition d'ombre et de lumière, dans lequel il s'est distingué d'une manière supérieure. Il forma un grand nombre d'élèves, parmi lesquels on distingue Gérard Dow, Govaert Flink, Ferdinand Bol, Gerbrand van den Eeckhout, etc.

La peinture ne fut pas la seule branche de son art dont il s'occupât; il grava à l'eau-forte avec grand succès. Ses ouvrages, dans ce genre, sont fort recherchés des connoisseurs.

Il mourut à Amsterdam, en 1674, âgé de 68 ans.

RUBENS (PIERRE-PAUL), *né à Cologne, en 1577.*

211. La Vierge, portée sur un nuage, présente

l'enfant Jésus à St. François d'Assise. Le Saint agenouillé, le reçoit respectueusement dans ses bras. * (*Ce tableau a été envoyé par le Gouvernement comme original.*

212. Tête de la Madeleine.

213. Après la Cêne, Jésus lave les pieds à ses Apôtres. * (*Esquisse.*)

214. L'entrée de J. C. à Jérusalem.* (*Esquisse.*)

215. L'Assomption de la Vierge. Les Apôtres entourent la tombe de Marie. Les uns ont les yeux élevés au Ciel ; les autres se joignent aux saintes Femmes pour témoigner leur surprise des fleurs qui se trouvent à la place qu'occupoit la Mère de Dieu. (*Ce tableau donné au Musée par M. de Loisy, a appartenu au président de la Marche, qui l'avoit acheté à l'inventaire du cardinal de Fleury.*

216. Sainte Catherine de Sienne reçoit la visite de la Sainte Vierge et de l'enfant Jésus. Elle est agenouillée devant le Sauveur qui la couronne. (*Esquisse finie, attribuée à Rubens dans l'ancien inventaire.*)

ÉCOLE DE RUBENS.

217. La Visitation. La Sainte Vierge, partie de Nazareth avec St. Joseph, arrive à Hebron pour visiter sa cousine Elizabeth qui vient à sa rencontre, et la salue, en lui disant : « Vous êtes bénie entre les femmes, et le fruit de vos

entrailles est béni. » Zacharie engage Saint Joseph à entrer chez lui.

218. La Circoncision. Le Grand-Prêtre remplit les fonctions de cette auguste cérémonie, en présence de la Sainte Vierge, de St. Joseph, et d'un grand concours de peuple.

219. L'Adoration des Mages. Conduits par l'étoile miraculeuse, les trois rois entrent dans l'étable où vient de naître le Sauveur. Ils l'adorent, et lui offrent l'or, la myrrhe et l'encens.

220. La Présentation au Temple. Siméon, conduit par inspiration au temple de Jérusalem, prend l'enfant Jésus entre ses bras, et rend grâces au Seigneur.

221. Etude de tête d'homme.

Rubens étudia d'abord sous Tobie Verhaecht, peintre d'architecture et de paysage, puis ensuite sous Adam Van Oort, qu'il quitta bientôt pour se mettre sous la direction d'Otto Venius, peintre, non-seulement habile dans son art, mais distingué aussi par les autres connoissances qu'il possédoit. Rubens fit sous ce dernier maître les progrès les plus grands et les plus rapides.

Il se rendit en Italie où il séjourna quelque temps, étudia les ouvrages des grands maîtres, s'attacha plus particulièrement à ceux de Paul Veronèse, et en général au goût de l'Ecole vénitienne.

Quoiqu'il sentît les beautés de l'antique dont il

fit une étude suivie , il ne put pas abandonner le style qu'il avoit adopté sous ses premiers maîtres, ni chercher à parvenir à cette pureté de dessin qui eût pu le porter au rang de Raphaël.

Sa grande réputation se répandit par toute l'Europe ; sa grande politesse , sa science et les agrémens de son esprit, lui méritèrent l'affection de plusieurs souverains. Il fut employé , sous un caractère ministériel, par le roi d'Espagne, pour des négociations entre cette cour et celle d'Angleterre. Charles Ier lui conféra le titre de chevalier , en témoignage de sa grande estime.

Aucun peintre n'a été plus fertile que Rubens, soit par son génie ou le nombre d'ouvrages qu'il a laissés. La France possède un des plus beaux échantillons de son talent , dans les tableaux représentant les principaux événemens de la vie de Marie de Médicis, qui ornoient la galerie du Luxembourg , et qui aujourd'hui sont placés dans le Musée du Louvre.

Rubens mourut à Amsterdam , en 1640 , âgé de 63 ans. On compte parmi ses élèves les plus célèbres : Van Dyck , Teniers le vieux , Jacques Jordaens , Van Mol , Gerard Seghers , etc.

SEBER.

222. Après la victoire que remporta Abraham sur Chodorlahomor , Melchisedech , Roi de Salem , vient à la rencontre du Patriarche jusques dans

la vallée de Savé. Il le bénit, et lui présente du pain et du vin; ou, selon l'explication des Pères, il offre pour lui le pain et le vin en sacrifice à Dieu. Abraham, voulant reconnoître dans Melchisedech, la qualité de Prêtre du Seigneur, le supplie d'accepter la dîme de tout ce qu'il avoit pris sur l'ennemi. Parmi les personnages qui entrent dans cette composition, on distingue Loth, qui étoit du nombre des prisonniers délivrés par la victoire d'Abraham sur le Roi de l'Elymaïde.

Seber n'est cité dans aucun des ouvrages que l'on a consultés. Son nom l'a fait ranger parmi les artistes de l'École allemande.

SEGHERS (GÉRARD), *né à Anvers vers 1589.*

223. La Descente de Croix. Joseph d'Arimathie et Nicodéme, aident un des bourreaux à descendre Jésus de la croix. La Vierge, la Madeleine et Saint Jean, pénétrés de la douleur la plus profonde, reçoivent le corps du Sauveur dans leurs bras. *

Gérard Seghers étoit frère de Daniël Seghers, dit le Jésuite d'Anvers, et fut élève de Van Balen. Il travailla long-temps en Italie, où il se forma un genre particulier; mais, de retour dans son pays natal, il fut contraint à se conformer au goût qui y dominoit, et à se livrer à l'imitation des ouvrages de Van Dyck et de Rubens. Le tableau dé-

crit ci-dessus, justifie cette assertion, par son analogie avec celui dans lequel ce dernier maître a
traité le même sujet.

Gérard Seghers mourut au lieu de sa naissance,
en 1651, âgé d'environ 62 ans.

SNEYDERS (François), *né à Anvers en 1579.*

224. Un chien épagneul défend de la viande crue
qu'un levrier et un dogue viennent lui disputer.

*(Ce tableau, attribué dans l'ancien inven-
taire, au peintre sous le nom duquel il est placé,
porte les initiales P. V. B., ce qui fait présu-
mer qu'il est plutôt de Van Boucle. Cet élève
de Sneyders a par fois imité son maître jusqu'à
tromper. Il florissoit en 1644, et mourut pauvre
à l'Hôtel-Dieu de Paris.*

Sneyders fut élève de Van Balen, et peignit
d'abord des fruits et autres objets de nature morte.
Son génie le porta bientôt à un genre plus élevé.
Entraîné par l'amour de son art et le désir de se
perfectionner, il fit le voyage de Rome. Là il vit
les ouvrages de Castiglione, dont le style excita
son admiration. Il tâcha non-seulement d'imiter ce
maître, mais fit même des efforts pour le surpasser.
De ce moment il ne s'occupa plus que de peindre
des chasses, des combats de bêtes féroces, du gibier mort, des intérieurs de cuisine, etc.

Parmi ses élèves les plus distingués, on compte
Griff, Nicasius Bernaërt et Van Boucle.

Sneyders mourut à Anvers, en 1657, âgé de 78 ans.

———

TENIERS le jeune (DAVID), *né à Anvers en 1610.*

225. Un homme assis, sa pipe à la main droite, tient de la gauche un pot de bierre posé sur une escabelle. Trois autres individus, au fond de la chambre, font la conversation en se chauffant au feu d'une cheminée.

226. Un homme, les coudes appuyés sur une table, serre avec délectation un pot de bierre entre ses mains.

227. Des buveurs et des fumeurs, réunis dans un estaminet, prêtent attention à un homme qui apporte la gazette.

228. Un buveur tenant un pot.

229. Un fumeur, les bras croisés.

COPIES.

230. Un fumeur assis devant une cheminée, sur un cuvier renversé, allume sa pipe. Un autre homme, une main appuyée contre le mur, et le pied sur le bord d'un baquet, tourne le dos au spectateur.

231. Le départ des sorcières pour le Sabbat.

232. L'intérieur d'un cabaret.

David Teniers, dit le vieux, père de Teniers le jeune, fut son premier maître ; il le forma à un genre qu'il n'a point quitté sous la direction d'Adrien Brauwer, ni par les conseils de Rubens, dont il a néanmoins tiré avantage. Ses talens furent long-temps méprisés ; mais le mérite de ses ouvrages fut enfin reconnu. Il passa subitement de l'obscurité et de la misère , à la célébrité et à l'opulence. Il obtint les faveurs de plusieurs Souverains qui le comblèrent de biens et d'honneurs.

David Teniers le jeune mourut à Bruxelles , en 1694 , âgé de 84 ans.

VAN BALEN (JEAN), *né à Anvers en 1681.*

233. L'Annonciation. L'ange Gabriël descend du Ciel pour annoncer à Marie qu'elle sera la mère du Sauveur. Le nuage sur lequel il arrive, est entr'ouvert , et laisse apercevoir une multitude d'Anges qui entourent le Saint-Esprit resplendissant d'une lumière divine. Au pied de la Vierge est une corbeille de fleurs d'espèces variées. *

Jean Van Balen reçut ses premières leçons de son père Hendrick Van Balen, peintre d'Histoire , plus célèbre que lui. Il passa ensuite en Italie, où il se perfectionna pendant un séjour assez long qu'il fit à Rome et dans les villes principales de la patrie des beaux arts ; mais il ne perdit pas le goût qu'il avoit contracté dans l'École où il avoit puisé ses premiers principes. On admire son coloris et la manière fine et facile dont il peignoit les enfans. Son dessin est loin d'être d'une correction parfaite. Nombre de ses tableaux sont rnés de fleurs peintes par Breughel de Velours.

On ignore l'année de la mort de Jean Van Balen.

***

VAN BLOEMEN (Pierre), *né à Anvers en 1672.*

234. Paysage et animaux.

Pierre étoit frère de Jean-François Van Bloemen, dit l'Orizzonte, et fut imitateur de Wouvermans et de Berghem.

L'année de sa mort n'est pas connue.

***

VAN DYCK (Philippe), *né à Anvers en 1599.*

235. Portrait d'un jeune homme. * (*Copie.*)

236. Martyre de Sainte Marie de Cordoue. Un bourreau, armé d'un coutelas, s'apprête à la décapiter. Elle attend avec résignation le coup qui va lui donner la mort. Au milieu d'un groupe disposé sur un plan plus reculé, on distingue l'officier qui commande le supplice. Plus haut et à la droite du spectateur, le Ciel s'entr'ouvre pour laisser voir l'ame de la Sainte, ravie au séjour céleste par les Anges; tandis que, du côté opposé, on voit le démon qui s'apprêtoit à l'entraîner aux enfers. * (*École de Van Dyck*).

Van Dyck étudia son art sous Henri Van Balen et Rubens. Il se distingua à un si haut degré dans l'École de ce dernier, que non-seulement il fit honneur à ce grand maître, mais approcha même de ses talens renommés. Après avoir travaillé en Italie avec un succès qui l'avoit rendu célèbre dans toute l'Europe , il fut appelé en Angleterre par Charles I.er, qui lui fit de riches présens , lui accorda une pension considérable , et lui conféra la dignité de chevalier.

Il mourut à Londres, en 1641 , âgé de 42 ans.

WOUVERMANS (PHILIPPE), *né à Harlem en 1620.*

237. Un cavalier maure.

238. Un cavalier persan.

239. Un cavalier moscovite.

COPIES.

240. Départ pour la chasse.

241. Un campement.

242. Une chasse.

243. Halte de voyageurs à l'entrée d'un camp.

Wouvermans fut élève de Paul Wouvermans son père , et de Pierre Winantz. Il ne jouit pas de sa célébrité ; et son talent exquis, son assiduité et le grand nombre de tableaux qu'il fit , ne lui procurèrent pas même une honnête médiocrité. Ses ouvrages ne furent recherchés qu'après sa mort, qui eut lieu , à l'âge de 48 ans , dans la ville où il prit naissance.

WOUVERMANS (PIERRE), frère du précédent.

244. Halte de voyageurs.

245. Halte de chasse près d'une fontaine.

TABLEAUX ANONYMES DES ÉCOLES FLAMANDE,
ALLEMANDE ET HOLLANDAISE.

246. Un lièvre, un canard et deux grives.

247. Une femme dans le costume flamand.

248. Les plaisirs du carnaval. Le fond du tableau offre à la vue une ville maritime et une baie très étendue. Un peuple immense forme diverses mascarades. On en distingue une sur le devant, qui représente *le triomphe du carême*. Sous la figure d'un vieillard à longue barbe, couvert de fourrures, il a devant lui un vase plein de charbons ardens auxquels il se chauffe ; le char sur lequel il est placé, est garni de légumes de toutes espèces, et attelé de deux hiboux et de deux corbeaux.

249. Un militaire flamand. Le coude appuyé sur une table, il a quitté sa pipe pour écouter attentivement. Sa toque richement ornée, son hausse-col, sa veste d'étoffe fine, annoncent que ce n'est point un simple soldat.

250. La Flagellation.

251. Une femme souriant à son enfant couché devant elle.

252. Sur une rivière glacée, dont les murs d'une ville touchent les bords, on voit des traîneaux et un grand nombre de patineurs.

253. Actéon changé en cerf.

254. Un fumeur.

255. Tête de femme.

256. Tête d'homme.

257. Tête de femme.

258. Paysage, avec un grand nombre de figures.

259. Paysage, avec un grand nombre de figures.

260. Vue d'une rivière en Hollande. (*Dans le goût de Van den Velde.*)

261. Un repos de voyageurs.

262. Une Marine.

263. Une halte de cavalerie.

ALBANE (FRANCESCO ALBANI, dit L') *né à Bologne en 1578.* (École bolonaise.)

264. La Vierge tient sur ses genoux l'Enfant Jésus, qui quitte son sein pour tourner les yeux vers le Ciel. Il fixe ses regards sur la Croix et le Calice du Salut qui lui sont présentés par des Anges, et contemple, avec une douceur et une résignation célestes, le symbole de ses souffrances et de la rédemption de l'homme. En avant du tableau, et sur un plan réculé, on voit d'autres Anges en adoration. Sur la droite et en arrière du groupe principal, Saint Joseph tenant un livre ouvert, quitte la lecture pour admirer ce spectacle divin. *

L'Albane fut d'abord élève de Denis Calvart, sous lequel il travailla avec Le Guide, qui devint son ami et l'aida de ses conseils ; bientôt celui-ci trouva un rival dans l'Albane, qui quitta l'École de Calvart pour se mettre sous la direction des Carraches. Il excella dans son art.

L'Albane mourut en 1660, âgé de 82 ans.

BAROCHE (FREDERIGO BAROCCI, ou FIORI), *né à Urbin en 1528.* (École romaine.)

265. Le triomphe de l'Amour. (*Copie par Benigne Gagneraux, élève de l'École de Dijon.*)

4

266. L'éducation de l'Amour. (*Copie par M. Naigeon, peintre vivant, professeur de l'École de Dijon*).

Baroche fut élève de Batista Franco et de son oncle Bartolomeo Genga ; il étudia principalement les ouvrages de Raphaël et du Corrège, et se forma un genre particulier.

Il mourut en 1612, âgé de 84 ans.

BASSAN (JACOPO BASSANO DA PONTE, dit Le), *né à Bassano sur la Brenta, en 1510.* (École vénitienne.)

267. Noë fait entrer les animaux dans l'Arche. *
(*Le Bassan a, dit-on, répété ce tableau pour Le Titien.*)

268. La Flagellation. *

269. Les Disciples d'Emmaüs. (*Copie.*)

Le Bassan fut élève de son père Francesco da Ponte, et de Venetiano Bonifazio. Il se forma par la suite d'après les ouvrages du Titien et du Parmesan, et devint chef d'une nouvelle École. A l'âge avancé où il termina sa carrière, il se plaignoit de quitter la vie (disoit-il) au moment où il commençoit à savoir ce que c'étoit que la peinture

Le Bassan mourut en 1592, âgé de 82 ans.

BASSAN (LÉANDRE), *né en 1558.*
270. Le martyre de Saint Sébastien. *
Léandre Bassan, fils et élève de Jacopo Bas-

sano, peignit dans le même genre que son père et son frère Francesco ; mais il leur fut inférieur en talens.

Il mourut en 1623 , âgé de 65 ans.

BATONI (Cav. Pompeo), *né à Luques en 1708.*
(École romaine.)

271. Allégorie à la gloire du Prince de Kaunitz. *

Pompeo Batoni fut disciple de Domenico Brugieri, de Gio-Domenico Lombardi, et se perfectionna en étudiant les ouvrages de Raphaël. Il est au rang des meilleurs peintres de son siècle.

Il mourut à Rome , en 1787 , âgé de 79 ans.

CARAVAGE (Michel Angiolo Caravaggio Amerighi, ou Morigi, dit Le), *né en 1569.*
(École romaine.)

272. Saint Jean , occupé des soins de la sépulture, soulève le corps du Christ descendu de la croix. La Vierge, à genoux, les mains jointes, les yeux tournés vers le Ciel, lui exprime sa douleur. La Madeleine baise les pieds de Jésus et les arrose de ses larmes. Plus loin , on voit Joseph d'Arimathie plongé dans une profonde affliction. Le haut du tableau est terminé par deux Anges qui soutiennent une couronne. *

(*Copie faite à Rome, par M. Lethière, peintre vivant.*)

Le Caravage tient son nom de Caravaggio , village du Milanais, lieu de sa naissance. Il peignit d'abord des fruits et des fleurs, mais se voua bientôt au genre de l'histoire et du portrait. Il fut le créateur d'un style particulier et chef d'une nouvelle École.

Le Caravage mourut à Porto Ercole, en 1609, âgé de 40 ans.

CARRACHE (ANNIBALE CARRACCI), *né à Bologne en 1560.* (École bolonaise.)

273. La Cananéenne. Une femme cananéenne demande à Jésus de guérir sa fille qui étoit possédée du démon, en lui disant : « Seigneur, secourez-moi. Il n'est pas raisonnable, répondit-il, de prendre le pain des enfans et de le jeter aux chiens. Non, Seigneur, dit-elle, mais encore les petits chiens vivent-ils des miettes qui tombent de la table. Alors Jésus répartit : O femme, votre foi est grande, que ce que vous souhaitez s'accomplisse. » (Saint Mathieu , chap. xv. *) (*Quelques connoisseurs pensent que ce tableau n'est qu'une belle copie.*)

ÉCOLE DES CARRACHES.

274. Paysage. La Sybille de Cumes demande à Apollon de vivre autant d'années qu'elle tient de grains de sable dans sa main.

275. Une nymphe poursuivie par un homme sur le bord d'un fleuve, implore la Déesse de la Chasteté , qui arrive à son secours.

Annibal Carrache fut élève de Louis Carrache son cousin germain. Le Musée possède des ouvrages de trois de ses disciples, l'Albane, le Guide et le Dominiquin. Il fut appelé à Rome par le Cardinal Farnèse, pour peindre dans son palais cette Galerie renommée, qui fait l'admiration de l'Europe.

Annibal Carrache mourut en 1609, âgé de 49 ans.

CORRÈGE (CORREGIO, ANTONIO ALLEGRI ou LIOTI, dit Le), *né à Corregio dans le Modenois, en 1494. (École de Parme).*

276. La Madeleine (*copie réduite à une petite proportion d'un des tableaux les plus estimés du Corrège.*)

ÉCOLE DU CORRÈGE.

277. St^e. Catherine est à genoux devant la Sainte Vierge et l'enfant Jésus qui lui apparoissent. Un ange lui présente une grappe de raisin. Un autre ange soutient une couronne sur ce groupe, en arrière duquel on voit St. Joseph. Le fond du tableau représente un paysage. *

Le Corrège tient son nom, ainsi que beaucoup d'autres peintres italiens, du lieu de sa naissance. On ne lui attribue point d'autre maître que Francesco Bianchi Ferrari, dit Il Frari ; mais comme à la mort de celui-ci, le Corrège n'avoit que seize ans , on peut considérer, sans porter un jugement trop hazardé, qu'il n'a dû qu'à son génie naturel les talens exquis qu'il possédoit.

Il mourut en 1534, âgé de 40 ans.

***

DOLCI (CARLO), *né à Florence en 1616).*

278. La Sainte Famille. La Vierge tient sur ses genoux l'Enfant Jésus, à qui St. Jean présente un agneau. St^e. Elizabeth et St. Joseph sont en arrière de ce groupe, fixant leur attention sur cette scène intéressante. *

(Le célèbre connoisseur Le Brun a reconnu ce tableau, ci-devant attribué à Gennari, pour un ouvrage de Carlo Dolci, qui l'a répété quatre fois.)

Carlo Dolci fut élève de Jacopo Vignoli, montra, dès l'âge de onze ans, les dispositions les plus heureuses, et acquit bientôt une célébrité qui n'est due qu'au vrai mérite.

Il mourut en 1686, âgé de 70 ans.

***

DOMINIQUIN (DOMENICO ZAMPIERI, dit Le), *né à Bologne en 1581. (Ecole bolonaise.)*

279. St. Jérôme en prière dans sa retraite, agenouillé devant un crucifix et une tête de mort, se frappe la poitrine d'un caillou. (*demi-figure.*)

(Ce superbe morceau, dont l'originalité n'est

pas contestée, est un des plus beaux que possède le Musée.)

Le Dominiquin reçut ses premières leçons de Denis Calvart, devint ensuite disciple des Carraches, resta long-temps dans leur École. Les grands talens du Dominiquin se développèrent tardivement, ce qui a engagé quelques critiques à lui refuser du génie. Victime de la haine de Lanfranc et de l'Espagnolet, il ne put point jouir de sa réputation, qui ne triompha de l'envie qu'après sa mort.

Le Dominiquin termina sa carrière en 1641, âgé de 60 ans.

ESPAGNOLET (Josef ou Jusepe de Ribera, dit L'), *né à Xativa* (aujourd'hui St.-Felipe) *près Valence, en 1588.*

280. Saint Jérôme, dans sa retraite, assis au pied d'un rocher et accompagné de son lion fidelle, médite sur l'Ecriture Sainte. (*Il est douteux que ce tableau soit original.*)

281. Le Martyre de St. Barthelemi. (*Cette copie passe pour être faite par Salvator Rosa, élève de l'Espagnolet.*)

282. La mort de Sénèque. (*Ce tableau tient du goût de l'Espagnolet et du Guerchin.*)

L'Espagnolet étudia en Espagne sous Francesco Ribalta, se rendit à Parme, où, frappé des ouvrages du Corrège, il fit des efforts heureux pour imiter ce grand peintre. Il passa de là à Rome,

changea de genre sous Michel Ange de Caravage.
L'Espagnolet fut reçu à l'Académie de Saint-Luc
de Rome en 1630, se fixa à Naples où il fut employé par le vice-roi pour le roi d'Espagne, et
travailla pour les autres souverains de l'Europe.
Comblé d'honneurs, laissant de grands biens et des
ouvrages qui immortalisent son nom, l'Espagnolet
mourut à Naples en 1656, âgé de 68 ans.

GASPRE (Gasparo Dughet dit Gaspre Poussin,
ou simplement Le), *né en 1613.*

283. Un paysage avec figures. (*Copie*).

284. Paysage. St. Pierre marchant sur les eaux.
(*Dans le goût du Gaspre*).

285. Paysage. Les Disciples d'Emmaüs. (*Idem*).

Le Poussin avoit épousé Mademoiselle Dughet,
et s'étoit fixé à Rome. Gaspard Dughet alla y
rejoindre sa sœur. Bientôt l'exemple de son beau-
frère développa en lui le germe d'un talent supérieur, qui depuis long-temps cherchoit à prendre
son essor. Sous la direction du Poussin, et par
une étude approfondie de la nature, il devint un
des plus grands paysagistes. Le Gaspre fit entièrement l'étude de son art en Italie ; aussi, quoique
Français d'origine, est-il revendiqué sans récla-
mation par l'Ecole romaine.

Le Gaspre mourut en 1675, âgé de 62 ans.

GAULI (G**io**-B**atista**, dit le Bachiche), *né à Génes en 1639.* (École génoise.)

286. La Prédication de Saint Jean. *

Le Bachiche, assisté des conseils du cavalier Bernin, passe pour être le premier qui ait allié avec succès la peinture à l'architecture. Plusieurs voûtes et coupoles des plus beaux édifices de Rome sont peintes par lui. Ses ouvrages sont râres dans le commerce, et peu répandus dans nos collections.

Il mourut à Rome en 1709, âgé de 70 ans.

GIORGION (G**iorgio** B**arbarelli**, dit Le), *né à Castel Franco, en 1477.* (École vénitienne.)

287. Gaston de Foix faisant lacer son armure par son écuyer. (*Copie d'après un tableau de la galerie du Palais-Royal.*)

Le Giorgion étudia sous Giovanni Bellini, dit le Bellin; Il surpassa son maître, et fut le chef d'une nouvelle École. Seb. del Piombo, Francesco Torbido, dit le Moro, Paris Bordone, sont du nombre de ses élèves ou imitateurs les plus distingués.

Le Giorgion mourut en 1511, âgé de 34 ans.

GUERCHIN (G**io** F**rancesco** B**arbieri** dit Le), *né à Cento en 1590.* (École bolonaise.)

288. La mort de Cléopâtre. Après la mort d'An-

, toine, la Reine d'Egypte ayant perdu l'espoir
de séduire Octave par ses charmes, et pour
éviter la honte de servir au triomphe du vainqueur, se fait piquer par un aspic. (*L'ancien
inventaire donne ce tableau pour un ouvrage
original.*)

289. Une Sybille. (*Copie.*)

Le Guerchin fut successivement disciple de
Cremonini et de Benedetto Gennari le vieux. Le
style de M. A. de Caravage, son ami, lui plai-
soit. Aussi s'appliqua-t-il à peindre avec la vigueur qui appartient à ce maître et aux Carraches.
Vers la fin de sa vie, il changea de manière
pour se rapprocher de celle du Guide et de l'Albane. Il avoit pris ce parti contre son propre
jugement, ce dont il s'excusoit en déclarant qu'il
avoit travaillé d'abord pour la gloire, en recher-
chant les suffrages des connoisseurs ; mais qu'a-
lors il ne vouloit que s'enrichir aux dépens des
ignorans. Il eut le surnom de Guerchino, parce
qu'il étoit borgne. Le Guerchin termina sa carrière en 1666, âgé de 76 ans.

GUIDE (Guido Reni, dit Le), *né à Bologne
en 1575.* (Ecole bolonaise.)

290. Eve, séduite par les discours insidieux du
serpent, présente à Adam le fruit de l'arbre de
la science du bien et du mal. *

291. Le Père Eternel donnant sa bénédiction au monde. (*Figure à mi-corps.*) *

292. La Vierge soulève un voile qui découvre Jésus endormi. (*Copie.*)

293. L'Hymen brûle les flèches de l'Amour. (*Copie faite à Rome par M. Naigeon, professeur de l'École de Dijon.*)

Le Guide, élève de Denis Calvart, dès son jeune âge, passa dans l'École des Carraches, se rendit ensuite à Rome, où il fut frappé de la beauté des productions de Raphaël. Enthousiasmé du style du Caravage, il adopta quelque temps sa manière. Ses premiers ouvrages lui assurèrent l'admiration de la postérité ; mais s'étant adonné au jeu, il fut bientôt dans une position misérable. Oubliant l'honneur et sa réputation, il travailla alors avec négligence, ne cherchant plus qu'à se procurer rapidement les moyens de satisfaire sa passion pernicieuse. On observe en conséquence une différence considérable dans les tableaux de ce maître fameux.

Il mourut en 1642, âgé de 67 ans.

JULES ROMAIN (GIULIO PIPPI), *né à Rome en 1492.* (École romaine.)

294. Les noces de Psyché et de l'Amour, célébrées par les Dieux de l'Olympe, réunis à un banquet somptueux. (*Copie ou imitation.*)

Jules Romain fut le disciple le plus renommé de

ceux que forma Raphaël. Par ses talens et son exemple, il donna un nouvel essor à l'École de Mantoue, où il fut appelé par le Duc. Dans le palais de ce Prince, dont Jules Romain fut lui-même l'architecte, il peignit le tableau de la bataille des Géants, qui passe pour son plus bel ouvrage.

Il mourut en 1646, âgé de 54 ans.

LANFRANC (Giovanni Lanfranco), *né à Parme en 1581.* (École de Parme.)

295. Saint Pierre repentant. * (*Figure à mi-corps.*)

Lanfranc fut successivement disciple d'Augustin et d'Annibal Carrache. Il s'attacha au genre de ce dernier, et travailla avec lui à la décoration du palais Farnèse, d'une manière si parfaite, qu'on distingue difficilement son ouvrage de celui de son maître.

Il mourut en 1647, âgé de 66 ans.

LOVINI ou DA LUINI (Bernardino), *vivoit encore en 1530.* (École milanaise.)

296. L'Enfant Jésus debout sur les genoux de sa mère. *

Da Luini étoit natif de Luino sur le lac majeur, et passe pour le meilleur imitateur de Léonard de Vinci.

MARATTE (Carlo Maratta , dit Carle), *né*
à Camurano d'Ancona , en 1625.

Ecole de Carle Maratte.

297. La cessation du schisme d'Anaclet. En 1130 ,
un Concile que Louis-le-Gros avoit fait assem-
bler, s'en rapporta à Saint Bernard pour exa-
miner lequel d'Innocent II ou d'Anaclet étoit
le Pontife légitime. Il se déclare pour Innocent ;
toute l'assemblée y souscrit, sauf une femme ,
qui se moquant de cette décision par des gri-
maces et des contorsions, est renversée à la
vue des Anges qui couronnent le jugement de
Saint Bernard.

298. Saint François de Paule , fondateur de l'ordre des Minimes , paroît sous le portique de son
monastère , pour donner la bénédiction à un
enfant qui lui est présenté par un homme et
une femme. D'autres assistans agenouillés contemplent respectueusement cette cérémonie religieuse.

Carle Maratte eut le surnom de Carlo delle
Madone , pour les nombreux sujets de Vierge
qu'il a traités. Il n'eut point d'autre maître qu'Andréa Sacchi. Il lui fut tellement attaché, que la
mort d'Andréa seule put les séparer. Il se pénétra
des beautés de l'antique , et des ouvrages des
peintres les plus célèbres qui l'avoient précédé. Il
termina sa carrière en 1718 , âgé de 88 ans.

ORIZZONTE (JEAN-FRANÇOIS VAN BLOEMEN, dit L'), *né à Anvers en 1656.*

299. Un paysage. Les figures représentent la matrone d'Ephèse, écoutant les doux propos d'un homme, en dépit du vœu qu'elle avoit fait de se laisser mourir de faim sur la tombe de son mari.

300. Un paysage. On voit sur le devant du tableau le bon Samaritain, secourant l'homme blessé, qu'il se dispose à conduire dans une hôtellerie.

L'Orizzonte fut reçu à l'Académie de Saint Luc de Rome, en 1742; et quoiqu'il soit flamand, on le place ordinairement dans l'École romaine. On ignore de qui il fut élève.

Il mourut à Rome vers 1749, âgé d'environ 93 ans.

———————

PARMESAN (FRANCESCO-MAZZUOLA, dit Le), *né à Parme vers 1503.* (École de Parme.)

301. La Sainte Famille et un Ange. *

Le Parmesan ayant perdu son père dès son jeune âge, commença ses études sous ses oncles Michel et Ilario Mazzuola, ou Mazzola. Il dut ses progrès et sa réputation, non aux préceptes de ses premiers maîtres, mais à une étude attentive des ouvrages de Raphaël.

Il mourut en 1540, âgé d'environ 37 ans.

PASSARI (GUISEPPE PASSERI ou), *né à Rome
en 1654.*

302. Saint Bernard, âgé de 22 ans, et plus de
trente de ses compagnons à qui il avoit persuadé
de se vouer à la vie monastique, arrivent à la
porte de l'Abbaye de Cîteaux. L'Abbé Etienne
le reçoit avec les autres, et bénit Dieu de ce
qu'il a conduit tant de Saints dans son désert.
(*Esquisse*).

Passari fut d'abord élève de son oncle Giovanni
Battista Passari. Ayant bientôt reconnu, au peu
d'habileté de son maître, qu'il ne pourroit s'élever
sous lui au degré auquel il aspiroit, il se fit disciple de Carle Maratte, d'après les conseils duquel
il se perfectionna en copiant les ouvrages des grands
maîtres ses prédécesseurs. Des infirmités privèrent
l'Europe des talens de cet artiste avant le terme
de sa vie. Il mourut en 1714, âgé de 60 ans.

PAUL VERONÈSE (PAOLO CALIARI), *né à
Vérone vers 1530.* (École vénitienne.)

303. Moïse sauvé des eaux. Thermutis, fille de
Pharaon, se promenant sur les bords du Nil,
accompagnée d'une suite nombreuse où l'on
distingue un nain, jette un regard protecteur
sur Moïse que lui présente une de ses femmes
qui vient, d'après ses ordres, de le tirer d'un
berceau qui flottoit sur les eaux du fleuve. *

3o4. La Vierge entourée de la gloire céleste, soutient l'Enfant Jésus sur ses genoux. Un Ange leur présente une couronne de fleurs ; d'autres Anges chantent les louanges du Seigneur, et joignent les accords d'une musique instrumentale à leurs cantiques divins. Dans la partie inférieure du tableau, on distingue Saint Ambroise , Saint Jérôme , Saint Pierre et Saint Paul, en contemplation devant la Vierge Marie et le Sauveur. *

Copies.

3o5. Thermutis, fille de Pharaon, fait choix d'une nourrice pour Moïse nouvellement sauvé des eaux. Jocabed , qui n'avoit pas perdu de vue son enfant , se présente pour en être la nourrice. On observe la retenue que , pour n'être pas découverte , cette tendre mère met à l'expression du sentiment qui l'anime. (*Copie d'après le tableau original qui faisoit partie de la galerie du Palais Royal.*)

3o6. Deux petites filles et un chien. (*Fragment du tableau des disciples d'Emmaüs.*)

3o7. Deux petits garçons et un chien. (*Idem.*)

Paul Véronèse apprit à modeler sous le sculpteur Gabriël Caliari , son père , et à peindre sous Antonio Badile.

Il paroît probable que beaucoup de tableaux attribués à Paul Véronèse , ne sont réellement point de sa main , attendu qu'ils sont peints d'une manière plus rude que ses ouvrages dont l'identité est reconnue, et manquent de cette union et de cette harmonie, qui sont le principal mérite des productions originales de ce peintre célèbre. Ils peuvent être de son frère Benedetto ou de Carletto Caliari son fils, qui ont imité sa manière. Le tableau décrit ci-dessus, sous le n° 304, pourroit bien, quoique signé, être de ce nombre.

Paul Véronèse mourut en 1588, âgé d'environ 58 ans.

PÉRUGIN (Pietro Vannucci ou Perugino, dit Le), *né à la Pieve en 1446.* (École romaine.)

308. La Vierge tient l'Enfant Jésus qui cherche à prendre un livre qu'elle a à la main. Saint Jean, du côté opposé, soulève le manteau de Marie. On voit en arrière de ce groupe un religieux tenant une patène d'or. *

309. La Vierge contemple tendrement son Fils, qu'elle tient sur ses genoux. Il la regarde avec une douceur céleste. Saint Jean, l'œil fixé sur le spectateur, et la main dirigée vers le ciel, semble annoncer au monde que Jésus est le Fils de Dieu descendu sur la terre pour la rédemption de l'homme. *

Le Pérugin eut pour maîtres Nicolo Alluno, Pietro della Francesca, Andrea del Verrochio.

Il fut à la tête des peintres de son siècle ; mais sa plus grande gloire est d'avoir été le maître du divin Raphaël.

Il mourut en 1524, âgé de 78 ans.

PIETRE DE CORTONE (Pietro Berettini dit), *né en 1596. (Revendiqué par les Écoles florentine et romaine.*)

PLAFOND DE LA SALLE DES STATUES.

310. Posée sur un nuage au milieu des airs, au-dessus de la mort représentée par les Parques, au-dessus du temps qui dévore ses enfans et détruit tout, entourée des vertus et des beaux arts, la Bourgogne, animée d'un sentiment de gloire et d'admiration, fixe par son geste l'attention sur les objets qui se présentent devant elle. A la gauche du spectateur, on voit l'immortalité planant sur les armoiries de la France, qui sont ceintes de lauriers et soutenues par la Renommée, le Génie de la guerre, et d'autres figures allégoriques. A droite on distingue la Victoire, dont la tête est couverte du casque de Minerve ; elle soutient sur ce groupe une couronne d'olivier, symbole de la paix et du bonheur des peuples. Vers le bas du tableau, et à gauche de la figure principale, un Génie répand des fleurs sur les Parques ; allégorie ingénieuse des récompenses futures d'une vie passée dans les vertus.

: (*Ce bel ouvrage , copie libre du tableau qui décore un des plafonds du palais Barberini à Rome, est de la main de M. Prudhon. Cet artiste , que l'Ecole de Dijon se glorifie de compter au nombre des élèves de François Devosge , a changé ingénieusement les attributs des principales figures, et a traité ce sujet dans ce goût noble , suave et gracieux qui distingue les produits de son pinceau.*)

311. L'Enlèvement des Sabines.

Les Sabins ayant refusé de s'unir aux Romains par des mariages , Romulus dissimule son ressentiment , et attire les Sabins à Rome , sous prétexte de les faire participer à une fête en honneur du Dieu Consus ; là , au signal convenu , les jeunes Sabines sont enlevées et deviennent les épouses de leurs ravisseurs. » (*Cette belle copie a été faite à Rome par M. Naigeon , élève et professeur de l'École de Dijon.*)

312. La Réconciliation de Laban et de Jacob.

Laban , irrité de la fuite de Jacob , à qui il avoit donné en mariage ses filles Lia et Rachel , poursuit son gendre et l'atteint sur la montagne de Galaad , où ils se réconcilient et offrent ensemble des sacrifices. (*Copie.*) (*L'original de ce tableau faisoit partie de la Galerie du Palais-Royal.*)

313. Après sa réconciliation avec Jacob, Laban lui redemande ses idoles. Rachel , qui les a dé-

robées à l'insçu de Jacob, est assise sur la litière d'un chameau, sous laquelle elle les a cachées. Elle s'excuse de se lever, feignant adroitement d'être indisposée, et évite ainsi la découverte de son larcin. (*Copie.*)

Pietre de Cortone étudia à Florence sous Baccio Ciarpi ; à Rome, sous Andrea Comodi. Dès sa jeunesse, il établit sa grande réputation par son tableau de l'Enlèvement des Sabines, dont le Musée possède une très belle copie, exécutée par M. Naigeon, peintre vivant, élève de François Devosge, et professeur de l'École de peinture de Dijon.

Pietre de Cortone mourut en 1669, âgé de 73 ans.

RAPHAEL (Raffaello Sanzio, dit), *né à Urbin en 1433.* (École romaine.)

COPIES.

314. L'École d'Athènes.

« On sait qu'en présentant dans cette composition les philosophes de tous les âges et de toutes les sectes, réunis dans un même lieu et sous un même coup-d'œil, le but du peintre a été d'offrir le tableau complet de la *philosophie ancienne.*

« Au centre et sur le plan le plus élevé, Platon et son disciple Aristote, occupent, comme princes de la philosophie, la place la plus apparente, et, entourés d'un nombreux auditoire, paroissent agiter entre eux les questions les plus intéressantes.

« Sur la gauche, Socrate, comptant par ses doigts, explique sa doctrine des nombres à Alcibiade, figuré par un beau jeune homme cuirassé et le casque en tête.

« Au-dessous de ce groupe, et sur le premier plan, Pythagore assis, est occupé à transcrire dans un livre ses consonnances harmoniques qu'un jeune homme lui présente gravées sur une tablette ; autour de lui sont ses disciples Empedocle, Epicharme, Archytas, etc.

« Le groupe sur le devant, à droite, offre Archimède, traçant à terre des figures de géométrie, qu'il explique à ses jeunes disciples attentifs à la démonstration. (Raphaël a, dit-on, donné à ce grand philosophe les traits du Bramante, son parent, et le plus grand architecte de son temps.) Zoroastre est debout près de lui, la couronne radiale en tête. Il tient un globe céleste à la main, comme inventeur de l'astronomie. L'autre philosophe, vêtu d'une draperie blanche, et qui tient aussi une sphère, représente le cardinal Bembo. A côté de ces deux personnages, sont deux figures, dont l'une a un bonnet noir ; elle représente Raphaël. L'autre est le portrait du Perugin son maître. Au-dessus de ce groupe, on voit Homère qui s'avance, un bâton à la main.

« Enfin , au milieu et couché seul sur l'un des degrés, on voit le cynique Diogène , à moitié nu et sa tasse à son côté , méditant sur une tablette qu'il tient à la main.

« L'architecture du lieu où se passe la scène , est celle que Le Bramante et Michel-Ange avoient donnée en premier lieu pour la Bibliothèque du Vatican. (*Cette belle copie a été faite sous la direction du Poussin. Elle est d'autant plus précieuse , que le tableau original , peint à fresque , se détériorant tous les jours , est menacé d'une ruine prochaine.*)

315. Même sujet que le numéro précédent. (*Copie par Benigne Gagneraux , élève de François Devosge , directeur et professeur de l'École de peinture et de sculpture de Dijon.*)

316. La Sainte Famille. L'Enfant Jésus s'élance dans les bras de la Sainte Vierge pour lui faire des caresses. Il est adoré par Saint Jean, que lui présente Sainte Elizabeth. Un Ange répand des fleurs sur la Vierge, tandis qu'un autre est en adoration devant le Sauveur. Plus loin on voit Saint Joseph , absorbé dans la méditation , la tête appuyée sur la main gauche.

(*Cette copie du tableau que Raphaël fit en 1518, deux ans avant sa mort, pour François 1.er, Roi de France, est d'une dimension moins grande que l'original.*)

317. La Vierge tenant l'Enfant Jésus, que Saint Jean embrasse respectueusement.

(Le tableau original faisoit partie de la Galerie du Palais Royal.)

318. La Transfiguration. On voit à l'église de Notre-Dame de cette ville, une belle copie du tableau de Raphaël, faite par Revel, dans les dimensions de l'original. Celle-ci, réduite à de très petites proportions, est peinte par Dom René (Chartreux). Quoique l'exécution de cette copie n'ait rien de digne par elle-même d'arrêter les regards du connoisseur, on croit néanmoins devoir donner l'explication d'un sujet dans lequel Raphaël a déployé tout son génie et s'est surpassé lui-même.

Sur le sommet du Mont-Thabor, Jésus converse avec Moyse et Elie, éclairés de la lumière qui, émanant de sa personne, éblouit les Apôtres Saint Pierre, Saint Jacques et Saint Jean. Près des disciples restés au bas de la montagne, un possédé éprouve d'horribles convulsions dont ils ne peuvent le délivrer. Ils montrent que le Christ seul peut opérer ce miracle. Les deux diacres, à genoux sur le penchant de la montagne, sont, selon les uns, Saint Etienne et Saint Laurent; selon les autres, les neveux du cardinal Jules de Médicis, archevêque de Narbonne, qui ordonna le tableau pour sa cathédrale. La mort de Raphaël changea cette destination.

319. Apollon, assis au sommet du Parnasse, est entouré des neuf Muses. On voit sur la gauche, Homère, récitant ses vers. Un jeune homme, qui est placé près du poëte grec, l'écoute, et trace sur le papyrus ses chants immortels. Entre ces deux personnages, le Dante se présente de profil. Plus bas est Sapho, que l'on reconnoît à sa lyre. Les autres figures qui ont la tête ceinte d'une couronne, sont des poëtes du temps de Raphaël, à qui il a voulu faire honneur comme au Dante, en leur donnant place dans cette composition. (*Copie d'après un tableau des Voûtes du Vatican.*)

320. Adam et Eve.

321. La Sagesse et la Volupté, sous la figure de Minerve et de Vénus.

322. La Vierge et l'Enfant Jésus. (*D'après un tableau de la Galerie du Palais Royal.*)

323. L'Echelle de Jacob. Jacob, fuyant la colère de son frère à qui il avoit enlevé son droit d'aînesse, passe par la Mésopotamie pour se rendre auprès de Laban son oncle. « Il s'endort en chemin, et voit une échelle mystérieuse, dont le pied touchoit à la terre et le haut au ciel; les Anges montoient, descendoient, et Dieu paroissoit au-dessus. » (*Copie par Seber.*)

324. La Sainte Famille, connue sous le nom de

la belle Jardinière. (*Les figures du tableau original sont de demi-grandeur naturelle.*)

Le mérite supérieur de Raphaël, de ce génie sublime, est trop connu pour ne pas rendre superflu l'éloge ou le détail des moyens étonnans que lui seul posséda. Il excella dans toutes les parties de son art, à un degré qui lui a acquis l'admiration de son âge et celle des siècles à venir.

Son père, Giovanni Sanzio, peintre, d'un mérite très ordinaire, reconnut, dès la première jeunesse de Raphaël, ses grandes dispositions pour la peinture. Il lui donna les premières leçons ; mais se voyant promptement surpassé par son fils, il le plaça sous la direction du Pérugin, un des peintres les plus famés de son temps. Raphaël se perfectionna par l'étude de l'antique et l'exemple de Léonard de Vinci et de Michel-Ange, artistes célèbres de Florence, ses contemporains.

On compte parmi ses élèves, Jules Romain et Polidore de Caravage.

Raphaël mourut en 1520, âgé de 37 ans.

ROOS (Philippe dit Rosa de Tivoli), *né à Francfort en 1655.*

325. Un aveugle, sur le point de se heurter contre un âne qui s'abat sous un enfant. * (*Plusieurs connoisseurs attribuent à Rosa de Tivoli, ce tableau, envoyé par le Gouvernement comme l'ouvrage d'un peintre inconnu.*)

5

Ph. Roos fut élève de son père Henri Roos, et surnommé Roos ou Rosa de Tivoli, parce qu'il avoit fixé sa demeure dans cette ancienne ville d'Italie. Il y élevoit toutes sortes d'animaux pour son étude, ce qui faisoit appeler sa maison l'arche de Noë. Il peignoit avec une facilité et une promptitude remarquables. Le vrai mérite de ses ouvrages le rendit célèbre. Son exécution et son coloris n'ont nul rapport avec les productions flamandes ; motif qui a engagé à le ranger parmi les maîtres qui ont illustré l'École d'Italie.

Rosa de Tivoli mourut à Rome, en 1705, âgé de 50 ans.

ROSALBA (Cariera , dite La), *née à Chioggia près de Venise, en 1675.*

326. La femme à la colombe.

327. Le Printems.

Ces deux morceaux précieux ont été donnés au Musée par Claude Hoin, mort dans les fonctions de Conservateur de cet établissement.

La Rosalba fut élève de Giov. Diamantini, et apprit sous ce maître à dessiner et à peindre à l'huile ; mais elle se livra exclusivement par la suite à la miniature et au pastel. Ses grands succès dans ce dernier genre, lui ont acquis une célébrité bien méritée.

La Rosalba mourut en 1755, âgée de 80 ans.

STROZZI ou STROZZA (Bernardo), *né à Gênes en 1581.*

328. Sainte Cécile, accompagnée d'un Ange qui soutient son luth, chante les louanges du Seigneur. *

Strozzi fut élève de Pietro Sorri, et surnommé il Capuccino, ou, il Prete Genovese, pour avoir été capucin et prêtre sécularisé. .

Il mourut à Venise, en 1644, âgé de 63 ans.

TINTORET (Jacopo Robusti, dit Le), *né à Venise en 1512.* (École vénitienne.)

329. L'Assomption de la Vierge. Les mains jointes, les yeux tournés vers le Ciel, la Mère de Dieu est transportée par les Anges au Séjour céleste.

Jacopo Robusti eut le nom de Tintoret, parce qu'il étoit le fils d'un teinturier. Il fut l'élève du Titien, qui, dit-on, le congédia de son École par jalousie de ses talens.

Il mourut en 1594, âgé de 82 ans.

TITIEN (Titiano Vecellio, dit Le), *né à Cadore en 1477.* (Ecole vénitienne.)

330. La Toilette de Vénus. L'Amour soutient un miroir dans lequel se répètent les traits de la Déesse de la beauté. (*Copie.*)

ÉCOLE DU TITIEN.

331. Vénus endormie. Une chaîne de pierreries

descend de son épaule, se divise et forme cette ceinture mystérieuse ou le *ceste* qui renfermoit les grâces, et rendoit non-seulement aimable, mais avoit le don de rallumer les feux d'une passion presque éteinte. Le haut de son bras gauche est orné du bracelet ou *spinter*, avec lequel la mère de l'Amour est communément représentée. *

(Ce tableau a été envoyé par le Gouvernement sous le nom de Jean de Hemmessen. Tout ce que l'on sait de ce peintre, est qu'il naquit à Anvers et qu'il florissoit en 1550. Le peu de rapport du goût de cet ouvrage avec celui de l'Ecole flamande et son analogie avec la manière du Titien, sont les motifs qui ont déterminé à le placer ici.)

A l'âge de dix ans, Le Titien fut conduit à Venise et confié à son oncle, homme d'un rang assez distingué de cette ville, qui observa bientôt les grandes dispositions de son neveu pour la peinture, et le mit sous la direction de Giov. Bellini. Le Titien devint ensuite l'émule du Giorgion, et parvint au degré de célébrité le plus élevé. Il est considéré comme le plus grand coloriste.

Il mourut en 1576, âgé de 99 ans.

VANUCCI (Andrea, dit Andrea del Sarto), *né à Florence en 1488.*

332. St. Jean (*demi-figure.*) *

333. La Sainte Vierge tenant l'Enfant Jésus endormi. (*Copie.*)

Andrea del Sarto fut d'abord élève de Giovanni Basile, peintre d'un talent médiocre , et passa bientôt dans l'Ecole de Pietro Cosimo, un des artistes les plus distingués de son temps. Il copia Raphaël avec tant d'exactitude que les plus habiles y sont trompés. Ses talens l'élevèrent à la plus grande célébrité.

Il mourut en 1530 , âgé de 42 ans.

ANONYMES DES ÉCOLES ITALIENNES.

334. St. Joseph et l'Enfant Jésus.

335. La St^e. Vierge.

336. Tête de Vespasien.

337. Tête de Flavia Domicilia.

338. Tête de Tibère.

339. Tête d'Agrippine.

340. Deux Amours couronnés de pampres, l'un jouant du tambour de basque, l'autre tenant une flûte.

341. Paysage avec figures.

342. Paysage avec figures.

343. Des roses, des œillets, de la julienne et autres fleurs.

344. Des amaranthes, des pieds-d'alouettes doubles et autres fleurs.

345. Des roses.

346. Tableau d'architecture. Les figures représentent Nabuchodonosor vainqueur de Jéchonias, roi de Juda, faisant piller le temple de Jérusalem.

347. Tableau d'architecture représentant la piscine de Bethsaïde.

348. La Visitation. Des fabriques d'une belle architecture ornent cette composition.

349. Un lièvre, un canard, des légumes et des ustensiles de cuisine.

350. Un chevreuil, un chapon, des légumes et des ustensiles de cuisine.

351. Tobie effrayé à la vue du poisson que l'Ange lui indique, en lui disant que le fiel de cet animal doit rendre la vue à son père.

352. Bacchanale.

353. Un violon entre une tête de mort et un calice.

354. Le Père Eternel et l'Enfant Jésus portés sur

les nues, au-dessus d'une côte maritime qu'ils semblent prendre sous leur protection.

355. Tobie jetant ses filets par l'ordre de l'Ange, pour prendre le poisson dont le fiel doit rendre la vue à son père.

356. Un jeune homme faisant des châteaux de cartes.

357. Un vase et un bassin d'or.

358. Un vase et un bassin d'or.

359. Des chevaux (*peints sur ardoise.*)

360. Des chevaux (*peints sur ardoise.*)

361. Un choc de cavalerie.

362. Un choc de cavalerie.

363. Une femme à sa toilette. Elle n'a d'autre vêtement qu'une chemise de gaze ; un miroir qui est à sa gauche, répète ses traits ; une boîte de bijoux est placée devant elle. Au fond du tableau, on voit sa servante cherchant dans un coffre. Tous les accessoires sont d'une mode très ancienne. Ce portrait passe pour être celui de la belle Gabriëlle.

364. Une attaque de brigands.

365. Un choc de cavalerie.

366. Même sujet que le n°. précédent.

367. Même sujet.

368. Un portrait d'homme.

369. Un portrait d'homme.

370. La Vierge, Jésus-Christ et un religieux.

371. Le portrait du Grand Condé.

372. La Cène.

373. Un paysage représentant l'hiver.

374. Un paysage. On y voit un torrent sur le premier plan.

375. Des ruines.

376. Des ruines.

377. Un paysage.

378. La Vierge au pied de la Croix, et Jésus étendu mort devant elle.

379. Un sacrifice.

380. Sujet mystique.

381. Le bon Pasteur.

382. Jésus secouru par les Anges.

383. Une Religieuse à genoux devant un Cardinal.

384. Sacrifices d'Abel et de Caïn.

385. La Résurrection du Lazare.

386. St. Pierre.

387. St. Joseph.

388. Apparition de Jésus à la Madeleine.

389. St. Jean écrivant l'Apocalypse.

390. Un Lévite.

391. Une Femme tenant des fleurs.

392. Un paysage avec figures.

393. Un paysage, effet du matin.

394. Un paysage, effet de soleil couché.

395. La Résurrection du Lazare. *

Fin de la première partie.